其他作者介绍

谷慧敏

北京第二外国语学院酒店管理学院院长、教授,中国旅游研究院饭店产业研究基地主任,主要研究领域包括酒店集团品牌化与国际化、企业社会责任以及酒店产业发展演变与趋势。

张　超

北京第二外国语学院酒店管理学院教授、健康产业管理系主任,经济学博士,主要研究领域为制度约束下的酒店与旅游消费行为、酒店及餐饮战略性品牌管理与控制、养生与医疗酒店开发与管理。

雷　铭

北京第二外国语学院酒店管理学院健康产业管理系讲师,心理学博士,主要研究领域为健康消费行为、健康心理学、医疗旅游产品开发、神经经济学等。

王　俞

北京第二外国语学院酒店管理学院副院长，管理学博士，研究领域为酒店管理、跨文化管理与沟通。

马　双

北京第二外国语学院酒店管理学院讲师、管理学博士，主要研究领域包括酒店营销、价值共创以及企业间关系等。

吴联仁

原北京第二外国语学院酒店管理学院讲师，现工作单位为上海对外经贸大学工商管理学院，工学博士。主要研究方向包括酒店电子商务、酒店管理信息系统、信息管理与商务智能等。

李朋波 秦宇 李彬 等◎著

酒店学人文集
（2015—2016）
HOSPITALITY SCHOLARS' ESSAYS
(2015—2016)

北京·旅游教育出版社

责任编辑：果凤双

图书在版编目（CIP）数据

酒店学人文集：2015—2016 / 李朋波，秦宇，李彬著. -- 北京：旅游教育出版社，2017.7
 ISBN 978-7-5637-3608-9

Ⅰ. ①酒… Ⅱ. ①李… ②秦… ③李… Ⅲ. ①饭店—商业企业管理—文集 Ⅳ. ①F719.2-53

中国版本图书馆CIP数据核字(2017)第175000号

酒店学人文集（2015—2016）

李朋波　秦宇　李彬　等著

出版单位	旅游教育出版社
地　址	北京市朝阳区定福庄南里1号
邮　编	100024
发行电话	（010）65778403　65728372　65767462（传真）
本社网址	www.tepcb.com
E - mail	tepfx@163.com
排版单位	北京旅教文化传播有限公司
印刷单位	北京艺堂印刷有限公司
经销单位	新华书店
开　本	787毫米×960毫米　1/16
印　张	13
字　数	178千字
版　次	2017年7月第1版
印　次	2017年7月第1次印刷
定　价	56.00元

（图书如有装订差错请与发行部联系）

基金项目：本成果受北京市社会科学基金研究基地项目（16JDGLB002）、北京市社会科学基金研究基地项目（16JDGLA001）、2016年北京市高层次创新创业人才支持计划（谷慧敏）、2015年北京市财政专业建设（市级）—双元人才培养模式创新项目共同资助。

尽心尽力的产业关怀与理性自觉的思想建设

——序《酒店学人文集（2015—2016）》

十八年前，初到京城任教就结识了秦宇教授，那时还叫他小秦来着。同在酒店管理教研室工作，加之自己的硕士和博士论文做的都是国有饭店，所以，我们有很多时间共研地方和民航、铁路的酒店变革与重组课题，共商职业经理人导向的饭店管理教学体系。工作之余，也会一起饮酒，一起K歌，记得他喜欢唱周华健版的《刀剑如梦》，满满的快意江湖和青春飞扬。没几年，我就离开教研室，再后离开学校，正式制度安排中的同事意味渐行渐少，因为中国旅游研究院饭店产业研究基地的缘故，倒是常常听到他的消息。由硕士而博士，由讲师而教授，由"青椒"而资深，声誉日隆而一直乐此不疲地坚守在饭店教学与研究领域。于此繁华与喧嚣的时代，这并不是件容易的事情。展读《酒店学人文集（2015—2016）》，感慨之外，更多了一份欣慰和快乐。

所集40篇文字，题目、内容和语言风格都不似常见的学八股论文。"2015，谁是酒店业老大""回归·家""庆丰包子，吃力未必讨好""戳戳痛点"，此类标题，如果事先不了解作者们的学术经历，很可能以为是标题党。可是谁说学术文章的标题必须要用"基于某某模型的自变量A与因变量B相关性研究"呢？《国富论》是经济学著作，提出"仓廪实而知礼节，衣食足而知荣辱"的《管子》同样也可以当作经济思想学的著作来读。马基雅弗利的《君主论》是政治学名著，说出"为政以德，譬如北辰，居其所而众星共之"的《论语》更是经世济民之学问。至于做学问的方式和语言风格，当以研究主题和读者受众为主，当量化则量化，当质性则质性。集中文字，多以观察酒店产业创新、发展与变革的生动案例为主，而非象牙塔内的书生从文献到文献。

这就很好！离开校园这些年，眼见学界同人为教授、为博导、为基金、为学术机关这样那样的考核，以学科建设和国际化的名义，沿着罔顾产业实践，自我精英化的道路越走越远,很是不安。离开丰富多彩的社会生活和产业实践,学者终会失去理论研究的源头活水。没有与业界的互动、融合与认可,再多的SSCI发表,再高的H指数,再闪光的学衔,终究也经不起时间的检验。1300多年的科举制度共产生了文武状元777人,比现在的院士、杰青、长江、博士、教授远为稀缺吧,可是以学术留名者又有多少呢?更不用说思想了。

所谓学人,或者说理论工作者,观察记录、阐释探究、科学发现或知识贡献本是应尽之责。与西方近代的实验室科学不同,中国的学术传统更加强调从实践中来,到实践中去,再以文化的自觉而做理论的抽象。"格物、致知、诚心、正意"是为了"修齐治平","立功、立言、立德",功在言先,德高于言。北京第二外国语学院酒店管理学院的谷慧敏教授、秦宇教授、李朋波博士、李彬博士诸同志,践行习近平总书记"把论文写在祖国的大地上"讲话精神,把学术思想的种子深耕于酒店产业的实践中,为业界立心,为业者立命,不经意间开始了酒店管理中国学派的理论建构。

如果只是对酒店实践做一般性的描述和情绪化的评论,这些文字将只会停留在网络时代"人人都是自媒体"的水平吧。新一代的酒店学人因其系统的学术训练和丰富的科研经历,对所掌握的一手资料往往会进行理性审视,并体现出高度的思想自觉性。这一判断来自于作者规范写作,发表在《管理世界》《经济学动态》《旅游学刊》等权威学术期刊的相关学术论文,来自兼具实践理性和价值理性的学术成果所获得的权威奖项,更来自这些为学术界和业界共同认可的科学发现。通过三届"中国旅游企业创业创新高峰论坛"的话题梳理和学术审视,酒店学人发现了"获得资本—构建模式—创新产品和服务"的逻辑线,并为企业根本驱动要素的回归而欢欣鼓舞。相信这些发现很快就可以用于指导产业实践,并形成规范化的理论体系在专业教学体系中传播。尽心尽力地关注现实与理性自觉地思想建设,正是本书的时代意义所在。

值得关注的是,这些文章发表在微信公众号"酒店学人",而不是 *Tourism Management*,*Cornell Hospitality Quarterly* 这样的学术期刊上。在学术共同体建设和学术思想的传播实践方面,这是很好的实践创新。想想在没有报刊和网络的时代,前人是如何写作和传播的呢?可能是上达天听的奏章,可能是民间的书信往来,可能是驿站的墙壁,也可能口口相传。经由时间的检验,那些伟大的思想被记载和传承,汇聚成全人类的共同价值,更多思考则留在了浩瀚的历史深处。这没什么,兵马俑的工匠没有留下他们的名字,长城、故宫也没有留下设计师和建造者的署名。在理论建设和思想发展的过程中,平台固然重要,内容则更为基础，更为核心。"山不在高，有仙则名；水不在深，有龙则灵。"我们不能只想着在别人的平台上唱自己的歌曲，也要有信心在互联网时代培育新型的学术阵地和发表平台。假以时日，今日的"酒店学人"成为世界酒店学界的发表圣地，我看是完全有可能的。

如果可以重新选择，我愿意留在校园和秦宇教授他们共同成长，在语者、论者和学者的道路上，一边理性地思考，一边灵性地思想。如果可以穿越，我愿意回到周朝做一名采诗官，记录遇见的美好文字和灵动生命，静待时间的流逝，而成经典。

中国旅游研究院院长
2017 年 5 月 23 日

前　言

任何一个产业的发展都是时代发展的组成部分，都受到时代发展及其特征的深刻影响，因此在讨论一个产业各个层面的议题时，必须将其纳入其所处的时代背景之中。正所谓"时移则势异，势异则情变，情变则法不同"。时代作为一种宏观情境，是影响一个产业的发展及其政策制定、发展模式、管理方式等有效性的基本因素；换言之，时代这一宏观情境为一个产业的发展带来了诸多需要应对的环境特征与现实议题，需要身在其中的各方来共同面对和破解。

在这方面，我国饭店业毫无疑问是最能够表征时代发展的产业之一，其真正意义上的产业形成起始于改革开放，其发展轨迹恰好与改革开放以来30多年的历程一致；与国民经济中第一和第二产业相比，饭店业提供的是人们商务、旅游等外出活动的住宿空间及服务，属于衍生产业，其发展变化能够灵敏地反映其他更加基础性产业的变化；从"住"这一基本需要来看，饭店业渗透在人们生活的方方面面，往往能够引导人们的生活方式发生改变；等等。从饭店业在经济社会发展中发挥的作用来看，除了由其产品及其特征本身所能起到的积极作用外，饭店业还为社会提供了大量的工作岗位，在提升从业者人力资本、促进农民工社会融入等方面有着重要社会贡献，当前饭店业同样也成了创新创业的重要产业平台之一。

然而，受当前时代特征及近几年来宏观经济形势与相关政策的影响，饭店业发展面临着诸多挑战，并对产业发展产生了诸多影响。当然，这些挑战从一个角度来看是造成饭店业发展困境的原因，但从另一个角度来看这些挑战又包含着产业发展的很多机遇，正因如此，才让我们看到了这个产业中丰富多彩的、"万花筒式"的种种现象。同时，也因为现象的复杂和精彩，才需要身处饭店业的各方共同来考察、思考和探讨，并从不同角度为饭店业发展做出贡献。

一、当前饭店业发展面临的挑战与困境

整体来看，在当前饭店业发展面临的挑战与困境中，以下几个方面表现得最为突出：

第一,如何准确把握并快速满足消费者的需求,是饭店业发展面临的最大挑战。消费者是影响产业发展的最终决定因素,饭店业也不例外。在当前互联网时代背景下,由于信息的充分开放,饭店业在外部环境方面最大的变化在于,消费者能够在极短的时间内获取足以做出消费决策的信息,消费者对产品与服务的诉求、反馈与传播达到了即时化的水平,这决定了,饭店企业与消费者相比,已经失去了市场的主导权,转而由消费者"说了算"。再者,消费者对产品和服务需求的多样化也达到了前所未有的程度,以往靠一种产品或服务长期满足消费者的情况已经"一去不复返",饭店企业需要时刻洞察消费者的需求变动并快速做出响应。其三,消费者群体在年龄构成上发生了重大变化,新生代消费者逐渐成为饭店业最主要的消费群体,这个群体背后代表着完全不同于以往时代的性格、文化和需求特征,饭店企业需要重新思考并满足这个群体的需求。

第二,宏观经济形势与相关政策对饭店业发展造成了诸多困境。近年来在我国经济发展从"量驱动"到"质驱动"的转型中,伴随着GDP增长速度的持续放缓,诸多行业都受到了不小的冲击,饭店业作为其他基础性产业的衍生产业,其发展受宏观经济形势的影响是极为明显和突出的。同时,近年来一些宏观政策对饭店业尤其是高星级饭店的影响亦是有目共睹。这些因素及其带来的困境是饭店业发生重大变革最重要的动力(或者说是压力)之一,饭店企业纷纷遭遇"寒冬",其中迫于经营压力转型发展的现象比比皆是,而对于一个相对传统的行业而言,变革尤其是这样的重大变革对饭店业显然不是一件轻松的事(甚至可以说是一件"要命的事")。

第三,在线旅游(OTA)业的崛起降低了饭店业的市场地位,并严重挤压了饭店企业的利润空间。在当今产业链的竞争中,消费者是决定某个行业地位的基础性和根本性资源,谁掌握了消费者资源,谁就拥有了市场竞争中更多的话语权。近年来OTA企业持续崛起,这些企业将零散的消费者需求整合为一股最为强大的市场力量,而饭店业显然未能很好地跟上将消费者组织起来的步伐,致使其在很大程度上需要依赖OTA获取顾客订单,并不得不把部分利润空间让渡给OTA企业。在"酒店+互联网"还是"互联网+酒店"的命题讨论中,不管我们愿不愿意承认,后者正是当前的客观现实。如果饭店业不能尽快突破这种严峻的竞争格局,很可能会进一步转变为产品和服务的提供方,类似于制造业中的代工工厂,这是整个饭店业目前面临的最大困境之一。

第四,人口红利的加速消退加剧了饭店业人力资源不足的状况,人力资源成为制约行业发展的关键因素之一。对我国劳动力资源的供给而言,2010年是目前公认的一个重要拐点,从这一年开始我国的人口红利开始消退,以往劳动力源源不断供给的情况不复存在,各行各业都不同程度地开始出现人力资源短缺的问题。对于饭店业这一劳动密集型产业而言,人口红利消退和人力资源不足造成的影响更加突出,从我们近几年的调研结果来看,几乎所有的饭店企业都将人力资源不足视为制约企业发展的首要因素,招人难、用人难、留人难、人力资源成本居高不下等问题表现得异常突出。在这一困境面前,饭店业仅仅做好人力资源管理系统中的某一个模块,恐怕很难解决问题,只有通过"开源、节流、提效、保留"的系统性策略才有可能取得成效,当然这也对饭店企业的人力资源管理水平提出了更高要求。

第五,饭店业发展的社会氛围较差,影响了行业与职业的应有地位,对行业发展有着巨大的隐形不利。受社会文化等多重因素的影响,饭店业近些年来一直饱受人们的偏见,"行业污名""职业污名"的现象和问题非常严重,并长期对行业发展及从业人员产生着诸多严重的负面影响。这造成了社会对饭店业和职业缺乏正确的认知,并长期忽视饭店业为经济社会发展做出的贡献,进而导致了人们对饭店职业的轻视等。因此,对饭店业的持续发展而言,解决长期存在的行业污名和职业污名问题,让人们重新和正确认识饭店业的社会贡献,是一项迫切需要开展的工作。近几年来,对重新塑造饭店业社会形象和改变人们对该行业及其职业认知的呼声很多、很高,但目前来看这方面的工作做得还远远不够。

当前饭店业面临的挑战和困境还有很多,以上这五点应是其中最主要的方面。

二、饭店业发展需要回归的三个基本面

面对上文所阐述的挑战和困境,我们认为对饭店业的发展而言,需要回归以下三个基本面:

第一,回归满足消费者需求和创造消费者价值的基本面。管理大师彼得·德鲁克曾做出"企业作为社会的一分子,创造顾客是企业唯一的目的"的经典论断,在当今用户成为企业成败的决定性因素的互联网时代,这一论断对企业的重要意义体现得更加充分。从饭店业的各个细分市场来看,中端精品酒店能够崛起正是因为其满足了消费者的多元化与个性化需求,经济型连锁酒店的快速发展得益于其满足了消费者对价格的诉求,处在旅游目的地的民宿业的异军突起得益于其迎合了消费者对当地特色文化体验的需求,而这些细分市场的产品在传统的高星级酒店看来曾是闯入饭店业的"异类",但正是这些"异类"因抢占了很大的市场份额逐渐成为主流。这些现象都在彰显着消费者需求决定市场结构的力量，也充分说明饭店企业只有更好地满足消费者需求并为消费者创造更多的价值，才能够获得发展和成长。

第二，靠产品和服务驱动发展的基本面。在驱动饭店行业及其企业发展的诸多要素中，产品和服务具有基础性意义，是企业发展依赖的"皮"，而诸如资本、商业模式、规模扩张等则是企业发展的"毛"，"皮之不存，毛将焉附"，这个基本逻辑告诉我们，需要牢牢抓住并做好产品和服务，这个"皮"做不好，其他要素的意义也就不高了。在我们团队所在单位连续三年举办的"中国旅游企业创业创新高峰论坛"中，我们惊奇地发现，三年来与会企业及嘉宾谈论的主题出现了从"如何获得资本""如何构建模式"到"如何创新产品服务"的转变，这种对企业根本驱动要素的回归令人欢欣鼓舞。"万变不离其宗"，在当前消费者需求日益复杂多变、市场竞争日益激烈的情况下，企业发展的"宗"永远是产品和服务，因此靠产品和服务驱动发展是饭店业及其企业需要回归的另一个重要的基本面。

第三，回归真正靠管理获得效益的基本面。在整个经济形势较好、市场需求旺盛、行业发展势头迅猛或企业间竞争不太激烈的情况下，管理似乎不是那么重要（或者可以说，在能够"野蛮生长"的时期，企业压根也没有太多时间和精力来关注管理问题），借助于好的形势，饭店企业只需要通过恰当的经营策略获得快速扩张就能获取好的效益。相反，在当前饭店业所处环境不是特别好、企业间竞争异常激烈的情况下，饭店企业的竞争优势越来越依赖于管理的水平及精细化程度，是需要"拼内功"的时候了。实际上，我国改革开放30多年来，大多数行业都经历了从粗放式发展到精细化发展的转变，饭店业的发展也是如此，从之前靠规模、靠投资、靠扩张转变为今天的拼产品、拼服务、拼质量，最终依靠的就是企业及其管理者的管理水平，饭店行业及其企业发展进入了真正体现管理价值的阶段，因此需要回归真正靠管理获得效益这一基本面。

如果要判断一家饭店企业做得如何、是否有长远的发展前景，上面这三个基本面可以作为一把强有力的"尺子"，那些能够抓住消费者需求特征、做好产品和服务、管理水平高的企业，想必也不会差到哪里去。

三、身在其中的学者群体的使命与价值

面对饭店业发展的种种议题，身在这个产业中的各个相关方都无法置身事外，其中，学者群体是一个非常特殊的相关方。一方面，学者群体并不直接参与饭店业及其企业的具体工作，看起来很容易充当起"旁观者"的角色，但实际

上,任何一位稍有一点社会责任感的学者都不会甘愿仅仅成为"事不关己、高高挂起"的看客,"修身、齐家、平天下"一直都是中国知识分子群体的惯有情怀,因此学者群体和其他相关方一样,都希望行业发展得更好、更健康和更加可持续。另一方面,学者群体为饭店业做出贡献的方式又是非常特殊的,原因在于,相比起政策、资本、市场等其他要素对产业的影响,学者们贡献的要素更多的是知识,知识送达的方式通常只能是软性的"影响"。同时,知识的层面不同,影响和发生作用的层面也随之不同,一些知识会非常具体地告诉企业及其管理者"该怎么做"或者"怎么做会更好"(看起来似乎比较有用),而另一些知识只会讨论"该走向哪里""理想的状态是什么"甚至是"成功的彼岸压根就是不存在的"等(看起来似乎是那么无用)。

具体而言,我们认为身在饭店业的学者群体的使命和价值包括以下几个方面:

第一,饭店业发展的观察者和记录者。一个行业的发展包含各个层面、各个维度的事件,将这些事件串联起来是刻画行业发展轨迹的重要方式。我国饭店业的发展历程决定了其充满了值得记录下来的"故事",当下饭店业中每天都在发生着大至经济形势影响、宏观政策出台、企业间竞争兼并等,小至企业管理者更替、新产品新服务推出、顾客投诉等事件,这些丰富多彩的事件正在不断地书写着饭店业发展的历史。首先,观察和记录饭店业发展本身就是一项极其重要的工作,长期坚持下去就可能形成非常丰富的行业发展素材,可以告诉大家这个行业究竟发生过和正在发生着什么;其次,观察和记录本身就是学者群体的重要工作,有助于学者们通过对现象的深入洞察找到贡献理论知识的机会,而我国饭店业中丰富的现象素材无疑是学者们开展研究的"富矿";最后,学者群体在观察和记录方面具有先天的优势,一家饭店企业可能更加关注自身的发展历程与未来方向,而学者们则可以在更多的层面上、更大的范围内、更多的维度上"扫描"饭店业中发生的事件。

第二,产业中丰富现象的解读者和诠释者。饭店业的发展中充满了各种各样或宏观或微观、影响范围或大或小的现象,"横看成岭侧成峰""仁者见仁,智者见智",不同的相关方或者细至每一个人在考察同一个现象时,都可能会做出不同的解读。学者在面对某一个现象时,需要做出也应该做出更加客观、更加全面和更加深刻的解读,原因在于学者群体被社会公认为受到过更多关于现象考察的专业训练,掌握着更多的理论工具,更容易洞察到现象背后的本质与规律。因此,更好地解读饭店产业中的现象既是学者群体的使命,也是优秀学者的价值体现。进一步讲,仅仅解读现象还是不够的,学者群体还需要做到对现象的诠释。

现象呈现出的内容往往是错综复杂的,而能够在错综复杂的现象中"拨云见日",把现象的机理诠释清楚,从而帮助大家更好地理解现象乃至把握规律,则是学者群体更为重要的使命所在和价值体现。

第三,专业和理论知识的创造者和传播者。贡献专业和理论知识是学者最根本也是最高层次的使命,是真正体现一位学者"功底"和"功力"的地方。专业和理论知识可以分为多个层次,正如前文所言,一些知识是非常具体看起来也非常实用的,而一些知识则是非常抽象、看起来并不那么有用甚至被视为"无用"的,但是"无用"的另一面则是"大用"。不管是处在哪个层面的知识,如果是由学者群体来创造,都需要体现学术研究工作所具有的科学性、客观性和严谨性,即遵循科学的研究过程、秉持客观的研究态度和得出严谨的研究结论,这是学者群体创造知识与其他群体最大的不同之处。再者,学者群体在创造知识之外,其使命和价值还体现在对知识的传播上,好的理论知识只有在更大范围内尽可能多地影响其他组织和个体,才能更好地发挥理论知识的价值。从这方面来看,当前我们的饭店业并不缺乏现象层面的"矿源",缺乏的是真正能够提炼出"真金白银"并将其发扬光大的学者。

以上关于学者群体使命和价值的思考,也正是我们去观察、记录、解读、诠释饭店业中丰富现象的出发点,而通过这个过程最终创造和传播理论知识则是学者群体工作的最终落脚点。

四、本书的特色与内容

本书的诞生是我们作为学者群体的组成部分而体现自身使命和价值的一项工作成果。

从本书的特色来看,书中的文章是我们近两年来对饭店业各个层面现象的观察和思考。其一,近两年是我国饭店业面临诸多挑战和困境的时期,被业界公认为行业的"寒冬期",同时也是这个行业出现重大变革和转型的时期,被业界公认为行业的"变革期",因此,在这个时期饭店业涌现出了比以往任何一个时期都更加丰富多彩的事件和现象。得益于业界各方的帮助和支持,我们有幸在这两年能够深入感受、关注和考察饭店业发生的变化,也投入了更多的时间和精力来思考饭店业及其企业发展的种种议题。其二,本书的内容更多是希望体现知识在"立地"方面的价值,因而书中的文章集中于对饭店产业层面的发展与政策,企业层面的战略与运营、产品与营销、组织与人力等方面的实践议题。知名管理学者徐淑英曾指出,管理学及其理论的根本作用就是帮助组织及其管理者更好地预测和改善管理实践。从这个判别标准来看,本书形成的出发点和最终归宿正是希望帮助饭店业在产业发展和企业管理层面更好地开展实践工作。

从内容方面来看,本书共有文章40篇,共划分为四个篇章。第一篇为"发展与政策",包括10篇文章,这些文章集中于对产业发展与政策制定方面的思考、分析、考察和建议等,尤其是其中有三篇文章是对健康产业发展的探讨,而该产业一方面是对饭店业的积极扩展,另一方面也是我们正在探索的"酒店+健康"发展模式的积极思考。第二篇为"战略与运营",包含12篇文章,集中于对饭店企业战略制定、发展路径、日常运营、创业创新等方面的探讨。第三篇为"产品与营销",包含9篇文章,涉及对饭店企业产品创新、营销模式、品牌塑造等方面的分析。第四篇为"组织与人力",包含9篇文章,分布于饭店企业组织管控、人力资源、员工激励、领导力开发等细分主题。

希望这些文章能够对饭店业发展与相关政策制定、企业管理实践产生积极的影响。当然,这些文章一定还存在一些不足之处,我们也敬请本书的读者们批评指正。

应该说,本书的推出,得益于我们对于中国饭店业发展和饭店企业管理实践的持续关注,更得益于我们扎根实践开展研究并贡献知识的不懈努力。我们也期待通过大家的共同努力,来破解中国饭店业及企业发展中的一系列重要议题,并在此过程中更好地贡献自己的力量!

李朋波
2017年5月
于京西定都峰

目 录

第一篇 发展与政策

时代发展与中国酒店业的三次转型 …………………………… 秦 宇 003
长效组合拳，重振中国饭店业
　　——优化政策环境，促进我国饭店业可持续发展 …………… 谷慧敏 010
2015年，谁将是酒店业老大 …………………………………… 秦 宇 013
回归·家
　　——2015年酒店业发展随想 ………………………………… 李 彬 015
对我国中档酒店发展中几个误区的辨析与建议 ………… 李 彬 谷慧敏 020
"小鲜肉"成长记：我国旅游产业生态演化与创业企业优秀实践
　　……………………………………………………………… 秦 宇 李 彬 025
"一带一路"沿线国家酒店投资潜力分析 ………… 谷慧敏 黄 伟 贾 卉 032
大健康产业生态圈，我们来了！ ……………………………… 张 超 037
健康+观光，医疗旅游到底有多美！ ………………………… 雷 铭 042
从"美国飞鱼"拔罐看"酒店+健康"发展路径 ……………… 张 超 045

第二篇 战略与运营

以我为主，解困得救 …………………………………………… 秦 宇 051
买楼容易运作难：中国酒店企业国际化经营要过"五关" …… 谷慧敏 053
庆丰包子：吃力未必讨好 ……………………………………… 李朋波 057
被"做坏"的酒店业与需要"补课"的酒店人 ………………… 秦 宇 062
高端酒店：坚守传统，还是识时而动？ ……………………… 李朋波 066
越进化越难以生存？ …………………………………………… 秦 宇 071
中情局如何"搞破坏"的启示 ………………………………… 秦 宇 077

如何让你的企业有执行力？	秦 宇	080
"鲍莫尔病"与酒店业效率改进的方向	秦 宇	083
酒店业的竞争力源泉来自"运营"而非"战略"	秦 宇	087
工匠精神下的我国旅游创业创新几种新模式	李 彬 秦 宇	090
认识企业中的管理模式及其创新	秦 宇	095

第三篇 产品与营销

酒店人应该好好看看《琅琊榜》	秦 宇	101
基于顾客点评的酒店产品要素特征挖掘与分析	吴联仁	103
谨防用户线上交互信息的陷阱	李朋波	107
酒店网络口碑进化：质量信号、功能评价与调性匹配	秦 宇	113
"中国旅行者住宿需求行为研究"简介	张 超	115
酒店供给空间结构的互联网化	秦 宇	120
从《稻草人》看社交媒体时代的品牌宣传	秦 宇	124
警惕互联网时代产品创新的误区	李朋波	127
从"回家吃饭"看美食共享之忧	马 双	133

第四篇 组织与人力

戳戳痛点——我国本土酒店集团管控中的几个问题	李 彬	141
本土饭店企业人力成本管控的三个偏差	李朋波	146
互联网时代企业领导模式构建的基本面	李朋波	151
共享经济中的人力资源管理：看看Airbnb是怎么搞的	李朋波	157
社会旅馆企业最需要什么培训课程？	李朋波	164
让"鞋"适应"脚"：饭店企业"90后"员工管理与保留的基本逻辑	李朋波	173
打造酒店职业社会化用工平台的思考	王 俞	176
饭店业的社会贡献：为农民进城务工提供专业平台	李朋波	178
饭店企业应重视老年人力资源开发与利用	李朋波	181

后 记	185
附 录 北京第二外国语学院酒店管理学院介绍	187

第一篇

发展与政策

时代发展与中国酒店业的三次转型

秦 宇

内容提要：改革开放政策和国外旅游消费的推动促进了饭店业的第一次转型，在我国初步形成了完整的饭店产业体系，并极大地引领了时代转型和国民经济中许多行业的发展。大众中产阶级的兴起及与之相关的国内消费市场爆发促进了饭店业的第二次转型，使得以"干净、安全、方便"为核心诉求的连锁经营酒店在短短 10 年内发展到 100 多万间客房的规模，在第一次转型形成的涉外星级饭店体系外新建了一个更加庞大的体系。目前，在"需求+技术"双元驱动下，饭店业的第三次转型已经揭开了面纱，在整个中国大地上以一种时间和空间交错的形式渐次展开。在前两次转型奠定的基础上，未来很长一段时间，饭店业中将会上演一幕幕老去、新生、死亡、重生的大戏。

一、何谓转型

我们这里所指的转型是指产业发展模式发生的根本变化。

酒店企业在发展过程中有很多变化，比如新一代客房中顾客的舒适度大大提升、因为 PMS 升级前台员工的服务效率提高，这些变化我们可以称之为酒店企业层面的服务、产品的调整，算不上转型。转型是指整个行业全方位、整体性的转变，是商业模式的根本变革及背后的资本、人力资源及其他生产要素交易话语权的重新配置。

饭店企业的服务和产品调整的主要原因是某些经营者所处经营环境中的某些要素发生了变化，而产业转型的原因是时代的发展导致了所有经营者、所有消费者和所有投资者面临的环境发生了变化，也就是整个社会的宏观环境发生了重大的变化。这些变化，是不以人的意志为转移的。我们只能因时而变，与时俱进。

与转型这种全局性、长期性的变革相比，饭店企业之间、饭店企业及其上下游企业之间的竞争对饭店业长期演化的影响，显得微不足道。每一次产业转型，都会引起产业的动荡，开启新的时代。转型期也是战略机遇期，转型是挑战，更是机会，戏剧性的生与死都在这一时期上演。

我们认为，从 20 世纪 70 年代末开始，中国酒店业已经发生了两次转型，目前第三次转型的大幕也已经拉开。以下我们对这三次转型进行一些分析。

二、第一次转型：从政府接待型事业到饭店业

这个转型期大致从改革开放之初开始，到 20 世纪 90 年代末期结束。这一次转型的核心是中国的住宿接待设施最先走上了与国际标准接轨的步伐，从政府接待型事业发展成为具有较高管理和服务水平的饭店业。

近半个世纪以来，中国社会最大的时代转型就是改革开放。改革开放之前，酒店是国家政府部门的附属事业单位，接待客人是政府部门的一项任务。在那个时期，住酒店要凭介绍信，还有级别限制。比如说，上海锦江饭店只接待县团级以上的干部。这种局面在 20 世纪 70 年代末期开始变化，由于开放政策，大量国外客人涌入中国，国内的住宿接待能力面临极大的压力。饭店的投资和建设成为当时的国家大事。

当代中国饭店业是与改革开放同步发展的。笔者曾经和北京市旅游局在 20 世纪 80 年代中期负责引进外资的同志聊过，建国饭店谈判的时候，中国还没有《中外合资经营企业法》。陈宣远先生为了避免风险，要求政治局委员都在协议上签字，因此协议书上有了 16 个副总理以上的高级干部的签名。与长城饭店的建设同样受到党和国家领导人高度重视的还有兆龙饭店、白天鹅宾馆等一批饭店，这些企业构成了中国最早的一批合资企业。兆龙饭店开业的时候，邓小平同志到场剪彩并题词。白天鹅宾馆开业的时候，杨尚昆同志前往剪彩。最高领导人出席一个酒店的开业庆典，本身就说明了这个事物在时代转型中的地位。

第一次转型的结果，是在中国形成了相当完整的饭店业体系，到 1999 年，我国的涉外饭店已有约 7000 座，客房总量约 89 万间。中国饭店业初具规模，为境外客源在中国开展公商务和休闲旅游提供了极大的方便。

酒店业第一次转型的意义和影响在于促进、带动了时代转型，具体体现在：

第一，经济上，创造了大量的外汇，为经济建设筹集到了宝贵的资金。建国饭店投资 2200 万美元，仅用了 3 年半就收回了全部投资。类似于这样的酒店还有很多，我国改革开放早期的一大批工业项目之所以能够投资成功，与酒店业的创汇有直接关系。

第二，政策上，为改革开放蹚出了路子。北京建国饭店的谈判经验，对后来的《中外合资经营企业法》及相关法规的出台，发挥了重要的作用。中国人从酒店合资开始，学会了与来自世界各地的企业做合资和合营。

第三，理念上，吸收了国际一流的服务理念和管理技术，并影响了整个服务行业。最早建成的酒店引入了世界一流的职业经理人，比如北京建国饭店就成建制地引入了香港半岛酒店的40多位管理人员。由于其具有先进性，1984年4月，中共中央政治局扩大会议决定，在全国范围内选择100家饭店，推广北京建国饭店的经营管理方法。在此之前，政府接待型设施的服务质量是比较差的，友谊商店的优秀服务员排名规则，第一条居然是"不准打骂顾客"。另一个影响了整个服务行业，甚至影响到制造业和建筑业的做法是1987年推出的星级饭店评定标准，根据我们的初步研究，这一做法扩散到了国民经济中的20多个行业。

第四，人才上，为各行各业培养了大批优秀的、有职业素养的经营管理人才。大量的酒店服务和经营人才从酒店走向各行各业，阿里巴巴集团的CEO陆兆禧就是其中的代表人物。

三、第二次转型：从单体酒店到连锁酒店

这一次转型从20世纪90年代末、21世纪初开始。

这也是迄今为止对中国本土饭店业来说影响最大的一次转型，其核心是连锁酒店经营模式开始取代单体酒店的经营模式。

这一次转型最大的推动力就是国内消费市场的爆发。从改革开放开始一直到20世纪90年代末，中国一直是西方转移落后生产力的目的地，我国因此有了"世界工厂"的称号。进入21世纪以后，随着居民人均收入水平的迅速增长，我们在各类消费品市场上的消费数量都在快速增长。到2008年，中国有210种工业品产量位居世界第一。2009年，中国的汽车产量首次超过美国，成为世界第一，并一再创造出汽车产销量的世界纪录。1996年以后，国内旅游消费的大规模兴起，开始推动一批新兴酒店公司成长起来。其中，如家、铂涛、华住、格林豪泰等在10年左右的时间内都纷纷突破千店规模，创造了世界酒店业发展史上的一个奇迹。另外，还有很多区域性的酒店公司成长起来，比如驿家365、东呈酒店集团等，都是其中的佼佼者。

第二次转型的结果，是在中国建成了一大批标准化、连锁经营的饭店企业，为人民群众的出游提供了极大的方便。在连锁酒店大发展之前，由于中国地域辽阔且各地发展水平层次不一，酒店质量参差不平，连锁酒店降低了不确定性，让

人在旅途中放心、省心。

酒店业第二次转型更深远的意义和影响在于重新塑造了饭店经营的生态圈，为未来的转型做好了物质准备，主要体现在：

第一，较全面地改造了一大批原来单体经营的一二星级酒店及与之相当水平的物业，实现了帕累托改进，减少了社会资源的浪费，并对大量具有潜在使用价值的物业形成了示范效应。

第二，教育了一批跨地区移动的顾客，从他们开始，大众旅游者形成对品牌的信赖。

第三，打造了一批轻资产的公司，抓住了饭店经营的核心环节；与之相匹配，出现了一批了解行业的地产商、加盟商和投资者。

第四，培养了上万名有连锁经营经验的门店管理干部，这部分管理干部中有一批人已经外溢到其他连锁服务业中。

第五，带动了一批有竞争力的供应商（例如施工队和布草、洁具、床品提供方）迅速成长，具备了在各个区域提供标准化产品和服务的能力。

四、第三次转型：需求和技术驱动下的变革

最近几年来，由于需求因素和技术因素的极大变化，我们开始进入第三次转型期。其中，需求因素的变化体现在顾客方面的质变，深刻影响着饭店产品和服务的发展方向；技术因素的变化体现在信息技术不断冲开一堵一堵隐形的墙，彻底改变消费行为和经营管理行为。这一次转型将持续多长时间、会带来什么样的结果和影响，我们还没有能力做预测。但从下面一些粗浅的分析中可以看出，这一次转型的深度和广度，都不会亚于前两次转型。

1. 需求因素的变化：从大众中产阶级社会到上层中产阶级社会

自从改革开放以来，经过近40年的高速发展，居民的生活水平和工资水平不断提高，持续量变已经带来了质变。麦肯锡按照收入将中国分为贫穷、大众中产、上层中产和富裕等四个阶层，其中大众中产家庭和上层中产家庭的可自由支配年收入分别是1.25万美元和2.5万美元。从2012年到2022年，预计上层中产占城镇家庭的比重将从14%上升到54%；占社会消费额的比重将从20%上升到56%。而大众中产阶层的上述两个比重在2012年都是54%，到2022年将分别降低为22%和14%。中国社会在未来的几年内将转变为以上层中产阶级为主导的社会。与大众中产阶级相比，收入多一倍的上层中产阶级的需求特点是：第一，消费高品质的商品；第二，追求非必需品和基本功能之外的产品和服务；第三，

更开放、自主、有主张，敢于追求自己选定的生活方式，这一点在"85后"上层中产阶级尤为突出。

只要看看我们周围的消费现象，我们就不难发现，上层中产阶级的需求偏好已经改变了中国的产品和服务生产版图。未来10年，改变将继续，并最终改造各行各业的生产者和经营者。饭店业自然也不例外。

2. 技术因素：信息技术成为一切行业都离不开的"软动力"

最近几年，信息技术尤其是移动互联网技术，已经在许多方面改变了人类的生活和工作，这种改变还会在下述几方面继续深化：

第一，交易成本还将继续下降，B2C、B2B和C2C之间无形的壁垒都会被打破，我们曾经认为不太可能产生交易关系的个体和机构之间，都有可能直接交易。

第二，社会中广泛存在的信息不对称现象将会逐步消失，由于信息不对称带来的与价格、质量等有关的交易问题都会得到根本解决，价格形成机制、信任形成机制和质量保证机制都会被改写。

第三，技术进步使得企业生产和经营的规模经济水平下降或与成本关联度降低，小生产者的劣势减弱。

第四，技术使得跨链条的交易和合作大大简化，因此会分解产业价值链，加深企业间的分工。此外，企业内部各部门、各岗位之间的分工机制和工作流程也会被改造。

第五，继续冲击传统的层级管理理念，领导、计划、组织、控制等概念都有可能在今后发生重大的转变。

现在，信息技术的应用还处在类似于动力机的蒸汽时代，尽管已经是革命性的创造，但是效率和应用范围都还有非常大的拓展空间。未来几十年，我们还将迎接信息技术应用的内燃机时代和电动机时代，更大的变革还在后面。

3. 一些判断

在上述需求因素和技术因素的影响下，第三次转型会带来怎样的变化呢？我们认为可能体现在以下一些方面，其中的一些变化已经比较明显，有一些则可能需要较长时间才能够看清。

第一，实体银行、实体商场、实体餐馆、实体学校等都将逐步消亡，酒店将成为主要的实体消费者的流量入口。

第二，酒店成为主要的实体流量入口后，带有配套服务的空间使用将出现大量的跨界与整合，依托酒店流量入口的"酒店+N"模式将出现，酒店将成为生活方式引领者。

第三，在跨界与整合时代，"大而全""重奢"的酒店产品模式将被"小而准""小而精"的模式取代。

第四，Residence（住所，购买）、Apartment（公寓，长期租住）、Extended-Stay（短租公寓，短期租住）及 Hotel（不定期短时居住）之间的界限被打通。

第五，住宿市场中，个体需求与个体供给将实现直接匹配。P2P 模式发展起来后，只要安全和质量问题能够得到保证，每次旅行的需求都可以由个性化的零散供给来满足。旅游者将实现对"可控的不确定性"的追求，多元化的需求与多元化的供给将大规模结合。

第六，基于需求变化的精确实时定价将成为可能，企业将根据需求量变化实时调整价格，甚至以小时为单位定价。

第七，技术进步将会使得记录、评估、展示每个人的工作努力并根据努力确定绩效和劳动报酬成为可能；此外，与劳动力成本上升同步，非经济的公平、自由等因素对生产行为和生产结果的影响也会越来越大。在上述两方面的共同作用下，酒店中的外包与内包将更加频繁和灵活，酒店中的一部分服务和管理工作将会大大简化，还有一些服务和管理工作将不复存在。

第八，除顾客行为数据外，员工行为和管理行为数据将成为最重要的资产。

五、小结

通过上述分析我们发现，开放政策和国外旅游消费的推动促进了饭店业的第一次转型，饭店业从"政府接待服务"转变为"涉外服务"，在我国初步形成了完整的饭店产业体系，并极大地引领了时代转型和国民经济中许多行业的发展。

大众中产阶级的兴起及与之相关的国内消费市场爆发促进了饭店业的第二次转型。大众中产阶级缺少消费经验、希望降低不确定性、希望快捷方便等需求特征使得以"干净、安全、方便"为核心诉求的连锁经营酒店拥有了 10 年黄金发展期，短短 10 年内发展到 100 多万间客房的规模，在第一次转型形成的涉外星级饭店体系外新建了一个更加庞大的体系。

从 1978 年改革开放至今，虽然暗流汹涌，但是中国社会进入了近代以来稳定期最长的发展阶段。在这个稳定期中成长的上层中产阶级在"安全剩余""确定性剩余"的环境下模塑了与以前的消费者有极大差异的消费特征。同时，信息技术尤其是移动互联技术以席卷一切的发展趋势影响着社会生活、消费和生产的方方面面。目前，在"需求＋技术"的双元驱动下，饭店业的第三次转型已经揭开了序幕。在中国的地理、历史因素和政治经济格局影响下，各区域间的饭店业环境将会出现非常大的不同。我们判断，转型不会像铺大饼一样全面、顺序铺开，而是会在整个中国大地上以一种时间和空间交错的形式渐次展开。在前两次转型奠定的基础上，未来很长一段时间，饭店业中会上演一幕幕老去、新生、死亡、重生的大戏。

长效组合拳，重振中国饭店业

——优化政策环境，促进我国饭店业可持续发展

谷慧敏

内容提要： 从产业规模来看，我国的饭店业仅次于美国，但也存在产业素质和产业结构问题日益突出、可持续发展面临挑战、急需进行转型升级的问题。因此，除企业加大创新、积极转型外，创造公平公正的政策及社会环境、市场环境刻不容缓。建议政府重新审视饭店业的角色定位，给予饭店业国民待遇；创造尊重服务价值的社会文化氛围；科学规范饭店投资准入机制，建立健全饭店业发展规划；根据新形势新问题重新修订星级饭店评定标准。

中国饭店业是最早改革开放的产业，同时也是现代服务业中就业量最大的产业。国际资料显示，由星级饭店和非传统饭店产业共同构成的我国住宿产业规模已达到全球第二，仅次于美国。考虑到我国住宿业员工客房比高于美国的现实，我国住宿产业就业量实际上是全球第一。

然而，在规模扩张的同时，产业素质和产业结构问题日益突出。面临国际经济复苏乏力、国民经济增速放缓、中央节俭新政倒逼等外部因素，加上饭店业长期无序发展、政策性规划和调控不足、空间布局不均衡、部分地区产能过剩、优质劳动力供给不足、企业创新动力缺乏等内部矛盾凸显，导致饭店业效益进一步下滑，饭店业的可持续发展受到巨大挑战。根据《2015中国企业家成长与发展》专题调查报告，2014年我国不同行业研发投入占销售比比上年度增长率平均值为10%，而住宿和餐饮业却为 -5.7%，大学生员工占比全国平均为19.1%，住宿和餐饮业为12.8%。国家统计局公布的2013年全国各行业平均工资数据显示，住宿餐饮业为年平均工资倒数第二的行业，仅为全国平均水平的66%。饭店基层员工的流失率达到50%以上。

目前我国社会经济正在快速变革，饭店企业市场环境和运营管理也在加速转

型。面对新形势，我国饭店产业想要健康可持续发展，除了企业加大创新、积极转型升级外，创造适宜的政策和市场环境也刻不容缓。

一、政府应重新审视饭店产业的角色定位，给予饭店产业国民待遇

我国星级饭店是最早对外开放的涉外性产业，在发展之初，由于国际国内消费者的差异，客观上形成了星级饭店的高消费现象。经过30多年的发展，饭店产业市场发生了巨大变化，已经由以国际市场为主转化为以国内市场为主，国际旅游者在饭店市场比重不足1%，且国际旅游者消费与国内客人消费差异鸿沟基本消失。与此同时，国内市场也由公款和大款市场向大众市场转化。饭店业由特种产业转化成为民生产业，是生活型消费服务业的重要组成部分，并承担了大量社会公共服务的角色。此外，饭店业已经成为市场化程度高、竞争充分的产业。面对变化了的产业条件，尽管国务院41号文件等政策已经出台，但建立在原有市场环境条件下的困扰饭店业多年的诸多歧视性问题仍未得到解决，如与其他行业相比，税费杂费较多、水电气的价格与工业企业相比还较高，导致饭店业成本高，全行业连续多年亏损。更有甚者，在国家节俭新政执行过程中，将衡量质量水平的星级评定标准与奢靡腐败直接挂钩，客观上限制了星级饭店的正当市场经营权利。长期以来，一些社会媒体和公众出于新闻炒作等目的，盲目、片面地报道饭店业中较为极端的个别负面案例，为饭店业特别是高档饭店和餐厅贴上奢侈浪费、腐败消费的"奢靡之风"标签，等等，使得社会公众、整个媒体行业对高星级饭店的利润率、高端饭店浪费产生非理性认知。因此，必须正视饭店业在"现代服务业"中的归属问题，切实落实饭店业的国民待遇问题。此外，在国家正在积极推进的营改增改革中，也需要进一步细化相关规定，充分考虑服务业尤其是劳动力密集型服务业的特点，使得饭店业也能够享受税收改革的红利。

二、创造尊重服务价值的社会文化氛围

中国传统文化中始终注重有形产品价值，缺乏对服务文化的认同和对服务价值的尊重。近期频繁发生饭店、餐饮等行业服务人员与客人激烈冲突事件，可以折射出主客服务关系矛盾进一步升级，其中既有员工素质及管理问题，也源于长期形成的全社会对服务人员的不尊重，导致部分员工在压抑、自卑等畸形心态下极易形成冲突。

为改变这一现象，可以从以下几方面着手：首先，要积极倡导小费文化。我国在改革开放之初的意识形态宣传中将国际通行的小费文化定义为负面文化，致

使传统的小费文化未能在改革开放后形成社会共识，出现了在国际旅游中支付小费而在国内不尊重服务的双重价值观。由于小费是饭店业等服务业一线工作者重要收入组成部分，我国现有的无小费习惯客观上导致了我国服务业从业人员的低收入现象。在国际化大背景下，建议广大社会公众在消费模式上也进一步与国际接轨，在国内逐步养成支付小费的服务文化。其次，给予饭店服务岗位应有的社会地位。建议国家旅游局协同人社部等相关部门，研究将以饭店业为代表的服务业中的服务人员专业技术级别纳入国家认定的职业发展体系，使得服务人员的服务劳动价值得到相应回报以及国家法律层面的认可和保障。再次，改革现有高星级饭店服务费收取后的用途。目前，改革开放之初国家政策中规定的用于员工收入补充以激励服务人员提升服务质量的服务费，事实上已经成为营业收入并缴纳了相关税收。建议国家有关部门着手研究服务费的税收政策，使得企业有意愿和能力推动服务费由企业收入向员工收入转化。最后，积极开展服务工作的社会奖励，像对待文化创意等产业一样进行饭店业相关职业及技能大奖赛，给予服务业员工相应的社会荣誉及待遇，促进中国服务文化的传承和创新。

三、科学规范饭店投资准入机制，建立健全饭店业发展规划

由于房地产驱动和部分地方政府政绩工程等因素影响，高星级饭店业在部分地区出现了过度投资与过度竞争、产能相对过剩状况。作为高度市场化的产业，对饭店业缺乏准入机制的限制。目前我国《旅游法》对旅游规划有相关要求，但对饭店产业规划则未提出相应规定。建议旅游局协同其他相关政府部门，在鼓励投资多元化的同时，全盘考虑饭店业发展与该地区的社会经济发展的协调性，做好饭店业发展规划，加强新建饭店项目数量、选址等方面的引导与控制。同时，可学习借鉴我国香港特别行政区和西方一些国家如法国等行业准入的机制，限制过度建设和破坏性建设。

四、根据新形势新问题重新修订星级饭店评定标准

相比 5 年前，当前饭店业所在的外部环境以及饭店业的内部运营条件已发生较大变化，饭店需求呈现垂直细分的特点。此外，中国本土情景也催生出有别于西方消费文化的市场需求。现有标准中的一些要素随着技术变迁也逐步消失，如商务中心、前台贵重物品保险箱等。在这样的背景下，星级饭店评定标准作为最权威、最成功的国家级行业评定标准，也急需进行调整，以适应外部环境变化，更好地指导饭店业在新形势、新环境下健康发展。

2015年,谁将是酒店业老大

秦 宇

内容提要: 全球饭店集团的位次排名陆续出炉,不同渠道的排名差异较大。仔细梳理了各类渠道的各类数据后,我们认为,若没有大规模的兼并收购或分拆剥离发生,预计2015年全球饭店集团老大将在希尔顿和万豪之间产生,国内酒店集团老大将在如家和锦江之间产生。

最近几个月,来自多个渠道的国际国内酒店2014年排名陆续发布,热闹非凡。

全球市场上,洲际失去了长期把持的头把交椅,被希尔顿和万豪超越,排名第三。从三强待开业饭店客房数的情况来看,在七八年以后,预计这三家公司的客房数将会陆续突破100万间(见表1)。具体排名方面,因为洲际与希尔顿和万豪的差距在扩大,预计后两者仍将位居前两位。但是,因为规模实在太接近,两家可能轮流坐庄。已签订合同但因为某些原因取消合同的饭店数量及合同到期且未续约的饭店数量将决定未来几年内的每一年中谁能位居世界第一。

现在位居第四位的温德姆已开业客房数约66万间,待开业客房数约11.6万间,预计与前三强的差距会进一步拉大。

表1 全球三强待开业客房数

	已开业数量(间)	待开业数量(间)
希尔顿	715 062	230 000
万豪	714 765	240 000
洲际	710 295	193 772

注:待开业客房数数据来自三家公司的2014年年报。一般来说,越高端的酒店,签订合同的时间越早,开业周期也越长。从签订合同到最终开业,需要花费4~5年甚至更长的时间。由于建造、装修的过程较为简单,有限服务酒店的开业周期要短得多。

国内的品牌中，前三强的排名在不同的媒介渠道中有所不同。按照中国旅游饭店协会的数据，排名前三的依次是如家、铂涛、华住；按照饭店协会的排名，前三强依次是如家、锦江、华住，Hotels 杂志的排名则是铂涛、锦江和如家。

我们按照这几家公司公布的 2014 年年报数据进行排名，前三强依次是如家、锦江、华住（见表 2，铂涛因无年报数据且各来源数据差异较大，暂不计入）。过去几年，如家每年新开业的客房数在 4 万间左右，锦江集团每年新开业的客房数在 1.6 万间左右。若二者都维持这一速度，再加上 2014 年收购卢浮酒店集团后新增客房数，2015 年锦江运营的客房数可能与如家的数字在伯仲之间。

表2　不同数据来源的中国酒店集团2014年客房数排名

	公司年报	饭店协会	中国旅游饭店协会	Hotels杂志
如家	296 075	296 075	316 175	296 075
锦江	225 427	231 033	177 839	352 538
华住	209 955	209 955	270 063	209 955
铂涛	—	195 976	298 435	442 490

注：①按照国际惯例，我们按照已开业客房数对酒店公司进行排名，而非按照营业额、利润或资产。然而，对客房数如何统计，存在不同理解，具体可参看下面的注释。

②饭店协会的排名数字来自其与上海盈蝶联合发布的《2015 中国酒店连锁发展与投资报告》。数据来源是上市公司财报、公司官网或官方提供资料。统计对象是已投入运营的客房数。

③中国旅游饭店协会的排名数字来自其发布的《饭店集团 60 强》。数据来源是企业提供资料。统计对象不仅包括运营中酒店的客房数，还包括了未开业但已签订合同的饭店客房数。

④Hotels 杂志的排名来自 2015 年的 Hotel 325 报告。数据来源是企业提供资料。统计对象是已投入运营的客房数。

⑤锦江酒店集团在中国境内运营 146 660 间客房（包括全服务的高星级饭店和有限服务饭店），加上 Interstate 运营的 78 767 间客房（锦江拥有其 50% 股权），客房总数是 225 427 间。锦江酒店集团对法国卢浮酒店集团的收购于 2015 年 2 月完成，因此卢浮集团的客房数量未计入。该集团 2014 年的房间总数 9 万余间，将计入锦江酒店集团 2015 年的客房总数。

⑥铂涛于 2013 年中退市后，不再公布财务和运营信息。其退市前最后一份财报（2012 年）的客房总数为 133 497 间。

综合来看，若没有大规模的兼并收购或分拆剥离发生，预计 2015 年全球饭店集团老大将在希尔顿和万豪之间产生，国内酒店集团老大将在如家和锦江之间产生。

回归·家

——2015年酒店业发展随想

李 彬

内容提要：从历史发展的角度，提出在思考我国酒店业未来发展时，也可试着从酒店业发展的历史中去思考未来发展的方向和各种"新问题""新现象"的深层次原因。接着从"共享经济"概念的演化的例子阐述了共享式酒店经济形态需要注意的问题；从我国酒店服务本质的演化的例子阐述了在我国酒店的"家服务"本质的螺旋式演变过程中，"回归"思想对思考未来发展方向的重要性。

2015年仍是中国酒店业"不消停"的年份。

年末各大网站、自媒体都出现了回顾2015年中国酒店业"大事件"的文章，这些大事件诸如：被称为疑似"国进民退"下的各个酒店收购案、酒店与"互联网＋"的"暧昧"、酒店与OTA的"爱恨情仇"、被视为"异形"的共享经济概念下产生的酒店企业扩张迅速（尽管这些企业，如Airbnb、途家等在快速发展，但无论它们自己还是传统酒店企业都并不视其为"酒店企业"）、各种酒店联盟的出现、房地产与酒店巨头们的国际化大步伐，还有各种高大上的精品酒店、小确幸的主题酒店、民宿客栈的"粉墨登场"（有的已快退场了）……这里无法一一列举，但总的来看，我国酒店业热闹纷繁。

然而，热闹背后，繁华落尽，却是人心的焦虑与不安。由于国内外经济形势、政策、社会环境、人口变化、信息技术、消费者、各类成本等诸多因素错综交织、出现复杂变化，酒店管理人焦虑于如何应对这些挑战，并成了当前最时髦、最棘手的讨论话题，这从2015年各大论坛的主题发言和圆桌对话的议题中不难发现。

真正冷静下来思考热闹背后"往哪走"的问题时，似乎也可以考虑"从哪来"的问题。也许,蓦然回首,从哪来还会回哪去,只是呈现的形式不同,但本质与逻辑是相通的。

一、"共享经济"的例子

"共享经济"概念被认为是颠覆资本主义、实现共产主义的又一个新经济形态(出自里夫金的《零边际成本社会》)。具体到酒店业领域,Airbnb、途家、小猪短租等酒店业的"异形",开始颠覆传统酒店的各种模式。但若从历史发展来看,"分享住宿"作为一种解决出行人住宿需求的模式,历史上早已有之。倘若以古典小说《西游记》为例(虚构的情节也会反映当时的生活现状),唐僧师徒四人在傍晚时分到了某个村庄时,经常会去敲某家大户的门,以求解决借宿问题。"借"字其实就是"分享"的问题——不能白借呀,大户将房间、餐食借给"大德高僧",同时获得的是"积分"——积德行善的修行积分,如果幸运,还会得到高僧的指点和帮助,如高老庄员外求大徒弟孙悟空去帮忙解救自己的女儿。当然,共享过程中的"信任"问题仍然是主要问题,无论是"高僧",还是"潜心信佛"的、有经济实力的员外,都具有可以共享的前提条件。

再之后,由于市场经济的出现,"我的和你的"的交换共享机制就逐步过渡到了货币介入的交换阶段,这段历史不再赘述。而如今,互联网信息技术又将住宿共享推进到了一个新阶段,但本质仍然是不变的——虽然解决了共享的前期预订问题,但双方的信任机制问题,例如共享双方的"质量"与声誉问题、私下联系的"跑单"问题,和在此基础上住宿企业对风险把控、服务质量管控等一系列重要问题,都是该模式仍然没有解决的问题。目前市场中出现的兴趣分享、技能分享、二手物品分享、小区广场舞大妈跳舞后的厨艺分享等这些类似于原始阶段的"我的和你的"进行物物交换的经济形态正在不断发酵、不断出现。

历史的吊诡正在于此,借助于最现代化的信息技术,历史又以某种形式惊人地回归到过去某种原始的状态,背后的原因是什么?人性与人心。

二、住宿服务的本质问题

一年来的热闹讨论,在诸多场合其实已经形成了共识,那就是酒店的"服务"仍是根本,是不能忽视的。然而,如何理解"互联网+"时代下的住宿服务的本质呢?我想同样需要回顾一下历史上住宿服务本质的演变。

回顾我国古代历史,特别是汉代以前的历史,可以对住宿服务简单做一个梳理。除了"驿站""舍"等常见的相关概念外,《左传》中提出的"逆旅"更值得玩味。"逆旅"本身就是酒店、旅舍之意,但后来文人则赋予其更加深刻的含义,"人生如逆旅,我亦是行人""天地者,万物之逆旅"。这里,逆旅像"人生"、像"天地"——绝对"高大上"的意义,是某种归宿和寄托吧!既然是归宿,那需要提供一种什么服务呢?"宾至如归"的服务,也就是像"家"一样的服务(引自郑向敏教授的《中国古代旅馆流变》)。所以,在中国古时候,"家服务"一直是酒店(不管是官办的还是民间的)服务的重要内核。其重要原因就是服务的对象——不管是达官贵人、出差的官人、僧人,还是老百姓——都经历了"在家千日好,出门一日难"(皇帝巡游可能除外吧!)的旅途奔波,毕竟古时候的交通条件不好。因此,出行者把陪伴他/她度过陌生长夜的住宿场所作为一种期待和寄托,那里充满了像家一样具有安全、舒服、卫生等似曾相识的、确定性的元素。因此古时候的"逆旅",无论是客房、餐饮、喂马、洗衣等服务都作为核心要素而与家中的服务接近,并充分接近于家里的样子,当然,顾客群的身份、地位、职业等不同,家的样子也有差别。这里面,也引申出了一个值得思考的问题,如果旅游或旅行是"寻找与家、工作单位等惯常环境的不同体验"的话(张凌云教授的"非惯常环境"),那么,旅途中的酒店则在某种程度上要"与家这个惯常环境相似或相同"。所以,酒店叫"逆旅"——与"旅行"是"相逆"的、是相反的(当然,原文的"逆"不是这个意思)。

  近代,酒店服务则开始了全面"西化"的阶段,诸如利顺德、和平饭店等标志性的大酒店的服务则全面学习西式酒店的服务,脱离了传统中式"家服务"的内涵,"家不再是家",是"洋式"家,是各种服务远远高过或异于"家"的服务。入住大酒店是身份地位、"喝过洋墨水"和高端社交场所的象征。1949年新中国成立后,酒店变身为"宾馆"和"招待所",服务的内核是"为官"(为干部)服务。除部分高端的国宾馆外,大部分的国有招待所在"为人民服务"宗旨的指导下将酒店服务相对接近于服务对象的日常生活,当然这里的服务对象是那些有介绍信的"官员"或"干部"。改革开放之后,涉外旅游饭店服务的内核是"为洋人"服务,其服务实质是糅合了"宾馆服务"和新中国成立前大酒店"西式服务"的混合型服务,尽管从"面子"上看,在礼仪、着装、服务流程等各方面都是西方化的服务,但从"里子"上看,服务的态度、服务的理解、服务中顾客与员工的关系上仍然具有"为官"服务的影子。记得在访谈某个经济型酒店集团的资深VP时,他提起当年在某著名五星级酒店的经历,当出租车停在该酒店门口,门童打开车门之后,发现是一个普通的大陆客人时,后续的服务就一直充满了不屑和反感,但面对"老外"和"有身份"的顾客时则是另外的表现。此时涉外旅游饭店的服务，同样脱离了传统中式服务的本质，整体上仍然是一种"嫌贫爱富"式的服务。

应当说，经济型酒店的服务往往被传统酒店人、媒体和相当数量的大众所批评，然而，从服务的本质来看，我国经济型酒店的服务确立了一种建立在顾客与服务员之间平等关系基础上的服务模式，而在以往的所谓"主流"中国式服务中则充满了"中外有别""官民有别""贫富有别"甚至"服装有别"等不平等的关系。然而，原本凸显服务中人与人平等关系的经济型酒店的服务可以为中国式的"家服务"做出一定贡献，却在资本的追捧、高速扩张的恶魔心态驱使下，逐渐失去了方向。再之后，则是当前"互联网+"时代下，酒店业服务的多元化发展。有中端酒店的高性价比的服务模式，有为各类调性高的群体准备的精品酒店服务，也有为旅行中追求小情怀、小情调的群体准备的各类客栈和民宿的服务。这些多元化的服务模式本质上是对"家服务"这一内核的趋近与偏离。趋近于"家"的服务则是那些民居、客栈、长租短租公寓和部分精品酒店的服务，而偏离"家"服务的则是那些寻求标新立异、时尚、小众范儿，特别是将信息技术、社交等诸多因素嫁接于"家"服务（2015年被称为"酒店+"）、有意识地打造"家外之家"的差异性服务。与互联网企业基因中通过迭代、简约等方式追求服务体验的极致化相类似，互联网时代下酒店的服务是围绕各自的顾客群体的需求将对应的"家服务"体验极致化：让那些恋家的"孩子们"找到家的港湾，让那些平时在家压抑，甚至想离家出走的"孩子们"找到"非家"的逃避场所。

可见，我国酒店服务的演化就是以"家"服务为核心，面对不同顾客群体对家的不同理解（土与洋、贫与富、官与民等）而出现的螺旋式变化。对家的核心要素的强化高于或偏离于家服务的"去家化"，两者的权衡取舍是酒店服务演化的重要方面。当前，对"家服务"中的床、淋浴和早餐等核心要素已形成较为成熟的服务模式，但在其他要素方面，特别是在软性服务上似乎还处在探索阶段。酒店人应当去调研顾客的"家"的前世今生、调研顾客对"家"的理解与期待、调研"家"与"酒店"的联系和区别。因为，未来，家可能就是酒店，酒店可能就是家。（部分观点启发自沃斯利的《如果房子会说话——一部家的秘密历史》）

服务本质的演化，是伴随着顾客群体的需求变化而产生的，就像时装设计圈中，每隔一段时间就会出现一些复古的设计，且这些设计都宣称引领"时尚"一样。事实上，"时尚"不管怎么设计和创造，最终还是要追溯到顾客的需求，顾客需求的"螺旋式"变化才会促成供给侧改革的"螺旋式"变化。经济学上所称的"经济周期"可能也是另一种表述。

三、结语

意识到螺旋式变化或经济周期,也就意识到一个最简单的道理——回归,回归顾客需求本源,回归"家服务"的本质,不管走得多远、想得多久、外面多热闹。至于回归后的原点是什么、如何回归,那是需要进一步讨论的技术层面问题了。

最后还是期待明年我国酒店业有更加折腾的表现,因为只有折腾才有我们吐槽的机会和可能。否则就像猴年春晚一样,让段子手和吐槽手们都着急,那才是一个事物或一个行业的悲哀!

对我国中档酒店发展中几个误区的辨析与建议

李 彬 谷慧敏

内容提要：近来关于我国中档酒店发展的话题持续升温，"热炒"背后的一些误区需要我们进行理性的思考与分析，才有助于实践者更好地去探索。本文尝试对一些误区进行辨析并提出相关建议。

整体来看，我国中档酒店发展中存在以下几个误区：

1. 误区一：中档酒店是既有三星级酒店的翻版，也有经济型酒店的2.0版

从理论上看，中档酒店既不是现有三星级酒店的翻版，也不是经济型酒店的2.0版。从产品模型来看，传统三星级酒店追求大而全的产品和服务，同质化严重。中档酒店不是简单地把现有三星级存量酒店进行翻新，然后挂一个统一的牌子，而是要针对中端消费顾客的核心需求和消费特征考虑产品设计、投资模式和运营模式等。

主要有两个方向：一个是在高档酒店产品线基础上降低档次，或是高档酒店的"浓缩版"。然而这一方向的中档酒店面临供需两方面的困境。从需求看，我国真正主流的中产阶级在中档酒店的消费习惯和消费行为尚未形成，一些较高档次的消费仍然选择进入四五星级酒店；从供给看，之前由房地产投资思路、政府政绩工程等导致的物业投资模式使得投资中档酒店的盈利模式仍然存在挑战，在过去的10多年中，由投资中的非经济因素主导，扭曲形成了我国酒店业的结构不合理，这一不合理结构对中档酒店选择物业方面具有影响，是挑战也是机遇。

第二个是强调核心产品突出"有限服务"的质量型中档酒店，这一点与经济型酒店的产品设计思路有相同之处。然而，简单将中档酒店产品作为经济型酒店的升级版产品，这种做法也使中档酒店的发展陷入了困局。经济型酒店发展中

成本领先的思路，导致一些由经济型酒店开发的中档品牌在运营及标准体系中只是把经济型酒店的产品要素进行简单的升级改造，仍然具有浓厚的廉价酒店的影子，如中档酒店的早餐，是否应该有"明档"？是否有煎鸡蛋？能提供多少种菜品和主食？价格定位在多少？中档品牌要始终根据本品牌所要定位的顾客的具体需求，把产品要素及其组合重新定位与设计，突出"物有所值"或"物超所值"，满足这个顾客群体对便捷、品质、舒适、有面子、性价比高、超值等的需求。也就是说，这类中档酒店的产品既要比经济型酒店的产品品质更高、价格更高、服务种类更多，也要比三星级酒店更加懂得满足顾客的核心需求，仍然发挥其有限服务的优势。

2. 误区二：认为"中档"概念就是"三星级"概念，从而导致对顾客需求的片面认识

中档或中端对应英文单词"Mid-scale"，它是国外酒店业按照市场需求和顾客消费档次对酒店进行分类而出现的，其他相对应的还有"Luxury"奢华、"Up-scale"高端、"Economy"经济、"Budget"廉价等。然而，我国酒店业中更习惯用星级来对应档次，一些人认为中档酒店对应的就是三星级酒店，甚至于有些人一提到中档酒店，就会把它的产品特征、投资模式等与传统的三星级酒店相联系。从理论上来看，按市场需求和消费档次来划分的分类标准和酒店的价格区间相对应，而按星级来划分的分类标准尽管也和价格有一定关联，但它的意义更多地体现在酒店的"供给层面"，即酒店能够提供给顾客的硬件设施、服务有哪些，是何种档次，以便顾客可以判断该种供给是否可以满足其需求。

因此，"中档"概念是指向需求方的，它并不必然与"三星级酒店"完全对等，一些低端四星级酒店也同样可以划分到中档酒店。但反过来，三星级酒店本应该可以满足中档酒店市场需求，却由于"大而不当"的服务而没有很好地满足这一市场，在经营上困难重重。所以，"中档"这一概念体现的是市场需求概念，它决定中档酒店的产品设计、服务质量、投资模式等要回归对需求本源的关注。然而当前一些中档酒店的开发与投资过程中，要么"想当然地"认为现有物业项目的条件可以满足中端顾客的需求，要么在设计新酒店时打着"引领顾客需求"的幌子而"拍脑袋"决定如何设计产品，结果设计出的面积大、功能全、档次高的餐厅、游泳池、健身房等产品，虽然在创意、原材料使用、设计等方面均具有较高档次和时尚理念，但在投入运营后却并不受顾客青睐，单位面积、单位时间的产出效益差，很难实现快速的规模化的复制扩张，这是中档酒店开发中忽视当地市场需求的重要误区。

3. 误区三：中档酒店顾客需求很难把握，很难做大做强

中档酒店能否做大做强？为什么目前国内并没有出现规模较大的中档酒店品牌？未来会不会出现？

我们认为，中档酒店品牌要想做大做强，需要抓住住宿需求的"主流地带"。如果把住宿需求大小看作一个"连续图谱"，中档酒店的需求"下限"会与三星级酒店有重合，"上限"会与四星级酒店有重合，这些重合的需求可以看作"灰色地带"，处于这些地带的需求特征往往是不牢靠和摇摆的，并且容量有限。我国一些中档酒店品牌就定位在这样两个地带，尽管可以通过标新立异和超前时尚的产品概念吸引某个小众细分市场的顾客，但长久来看，品牌很难做大，并且不易形成规模超大的酒店连锁品牌。

而中档酒店的"主流地带"——位于两个"灰色地带"的中间区域，特征是容量巨大，消费行为稳定，顾客追求物有所值，对便捷、品质、舒适有较高需求，忠诚度高。如果能够抓住这一顾客群体的需求的共性特征，设计相应的产品，就有可能实现高速扩张。从国际经验来看，智选假日（Holiday Inn Express）、欢朋酒店（Hampton Inn）、柏蒙酒店（Baymont Inn）、美国旅舍连锁（Americ Inn）等中档品牌的确能够快速扩张实现高速发展。当然，国内这个"主流地带"的特征不能照搬国外，目前尚不清晰：一方面中产阶层尚未发展成熟，处于成长培育期；另一方面，由于一些中档酒店品牌过多关注某些小众细分市场群体，而没有对这一数量庞大、范围更广的群体的共性特征做深入分析。对于中国酒店业来说，中档酒店是目前供给最薄弱，但潜在需求最广泛的市场。目前市场的两端化现象是由于中档酒店供给困局导致的需求刚性替代。毋庸讳言，我国星级饭店评定标准作为与国际接轨的标准在如何更符合中国本土市场需求方面还有改进空间。发展中档酒店必须要注意深入研究正在形成中的中国中产阶层的消费模式，他们要求有比经济型酒店更高品质、比高档酒店更接地气的产品。在这方面酒店业可以借鉴中国服装产业和汽车产业的经验。

在明晰上述误区后，可进一步考虑从如下几个方面尝试进行应对：

第一，切实对中档酒店市场需求进行调查分析。

在运营层面：从价格来说，一个初步的判断是，中档酒店的价格至少要高于该中档酒店所在区域的经济型酒店的最高价格，而低于该区域各个四星级酒店的最低价格，大约在300元到500元。当然，在这个区间的端点之外的价格也可以是"中档"，如500元甚至600元，取决于城市、地理位置、产品定位等因素。由于中档酒店对应的价格区间范围相对经济型酒店和高端酒店比较宽，这就需要

企业在推出新的中档品牌之前,深入对这个需求区间进行分析,之后再确定品牌发展战略:是满足该价格区间内市场范围较窄的细分市场推出一个品牌,还是满足价格区间内市场范围较宽的市场推出一个品牌,抑或是推出多品牌满足多个细分后的市场。

在投资层面:由于大都市核心地区土地价格高企,导致纯粹投资中档酒店难以获得高额价值,因此,中档酒店一方面可以选择非核心地区布局以降低投资成本,另一方面可以城市综合体模式,作为高档酒店、商业设施等的配套以获得范围经济。我国目前城市核心地区仍然具有较多的中档酒店物业,由于过去经济型酒店发展较快形成了品牌效应,很多物业按照经济型酒店品牌进行了更新改造,这在某种程度上是对土地资源的不合理利用。与此同时,在许多缺乏高档市场支撑的三四线城市,却由于政府及投资商的非经济因素出现大量的高星级酒店。这两种现象都有必要加以引导。

第二,企业(集团)推出新的中档酒店品牌时要从组织架构、管控模式、激励机制等方面注入创新元素。

由于我国中档酒店品牌的发展模式尚处于探索阶段,是新生事物,需要新的思维理念和做法,因此切勿套用企业过去发展中的观念、模式、经验等。国内某些著名酒店集团推出的中档酒店品牌并没有快速发展,一个重要原因就是认为可以将原有积累的比较成熟的体系、人员、制度等沿用到新品牌创设上,然而这些所谓成功经验反倒成了新酒店发展的桎梏。由此,建议在推出新的中档酒店品牌时,考虑单独成立事业部或子公司,管控模式上考虑采用分权力度较大的战略管控型模式,人员激励要更加市场化和灵活化。

第三,学习借鉴国外中档酒店发展的成功经验。

他山之石,可以攻玉。全球中产阶级的快速崛起和发展壮大,使得国外中档酒店发展非常成熟。例如2013年美国酒店品牌排名前10名中,中档酒店品牌就有6个,比例较高,这些品牌发展的成功经验值得关注。下面提出国内中档酒店建设值得参考借鉴的几点观察:一是国外中档酒店品牌已经出现了比较明确的档次细分,按照STR的分类,有高端(Upper-middle)的中档酒店,如希尔顿花园酒店(Hilton Garden Inn)、庭园(Courtyard)、乡村酒店(Country Inn)等,有低端(Lowermiddle)的中档酒店,如智选假日(Holiday Inn Express)、欢朋酒店(Hampton Inn)、柏蒙酒店(Baymont Inn)、美国旅舍连锁(Americ Inn)等。低端的中档酒店数量多,规模大的品牌也较多,如智选假日(Holiday Inn Express)、欢朋酒店(Hampton Inn)等。二是从产品模型来看,中下档次的产品已经有较为完善的适合标准化复制和快速扩张的产品模型,如:面积适宜的餐厅,物有所值的健身房、游泳馆,功能齐备的商务设施、厨房设施(公寓品牌)等。"物有所值"(价值而不是价格)是这些品牌的产品模型的重要原则。三是从投资模式来看,根据《美国酒店业特许经营报告》,中低档次中档酒店的每间房投资成本区间为6万美元到9万美元,中间(Middle)和高端(Upper-middle)档次的是9万美元到20万美元。四是众多中档品牌大多拥有公寓产品。我国当前许多商务客人外出时只希望能住两到三周,对设备设施没有高档次要求,但希望突出便捷、舒适和家的感觉,然而我国现有的公寓品牌要么过于高端,要么没有品牌,产品参差不齐,尚未满足这一需求。五是从品牌扩张的区域范围来看,大多是跨国布局的品牌,但也有区域性布局的品牌,如美国旅舍连锁(AmericInn)在美国中西部发展的经验值得借鉴。

结语

总之,我国中档酒店发展目前尚处于探索阶段,本文也是试探性地辨析若干误区,希望其中的一些观点、信息和思考能够对业界实践提供点滴帮助。

"小鲜肉"成长记：我国旅游产业生态演化与创业企业优秀实践

秦 宇 李 彬

内容提要：以北京第二外国语学院酒店管理学院和中国旅游创业家协会组成的调研团队所调查的30家旅游创业企业为例，重点分析旅游产业"生态圈"的演化过程及当前类型各异的旅游创业企业产生的重要原因与形成机理，最后介绍一些旅游创业企业的优秀实践。

当前我国旅游企业圈子里，产生了N多个"小鲜肉"，它们利用移动互联网和互联网思维将技术创新应用到旅游服务中。小鲜肉傍上了"高科技"大款，号称"智慧旅游"的奇幻化学反应使得旅游企业圈迸发出了前所未有的活力与想象力。

一、创业生态圈演化

改革开放以来的相当长时间内，无论是入境游市场还是国内游市场，旅游的形式都以团队游和观光游为主要方式。传统旅游企业，包括"国中青"在内的传统旅游批发商，凯撒、凤凰、众信等围绕区域型目的地的"差异化"批发商，以及包括携程、艺龙、去哪儿、途牛、同程等在内的OTA企业，都是以占有或掌控旅游产业链条或旅游目的地的各种资源为主要竞争优势来源。

不管是占有早期出国旅游指标的配额资源，还是占有某个旅游目的地旅游产品的资源，抑或是被OTA占有的渠道资源，一直以来，"资源为王"的旅游企业一直占据着旅游产业发展的重要地位。然而伴随自助游和出境游等新兴旅游市场的大量兴起，旅游市场大环境开始发生急速变化，旅游企业需要从对资源方的争夺向满足游客的需求活动转变。正是游客需求的转变催生了大量旅游创业机会，并且，这些机会非常"碎片化"，使得当前的旅游创业企业数量和类型显现出了丰富多样性。

图 1 展示的是我国旅游产业链。图 1 中最左端的是位于旅游目的地、提供单项旅游产品的旅游供应商，如酒店、景区、旅游商品购物店、旅游交通企业等。图 1 最右端是旅游者。从旅游目的地单项产品的供应商到旅游者这一产业链条当中还存在着一系列"中间商"，这些旅游供应商、中间商和旅游者共同构成了一条完整的旅游产业链。

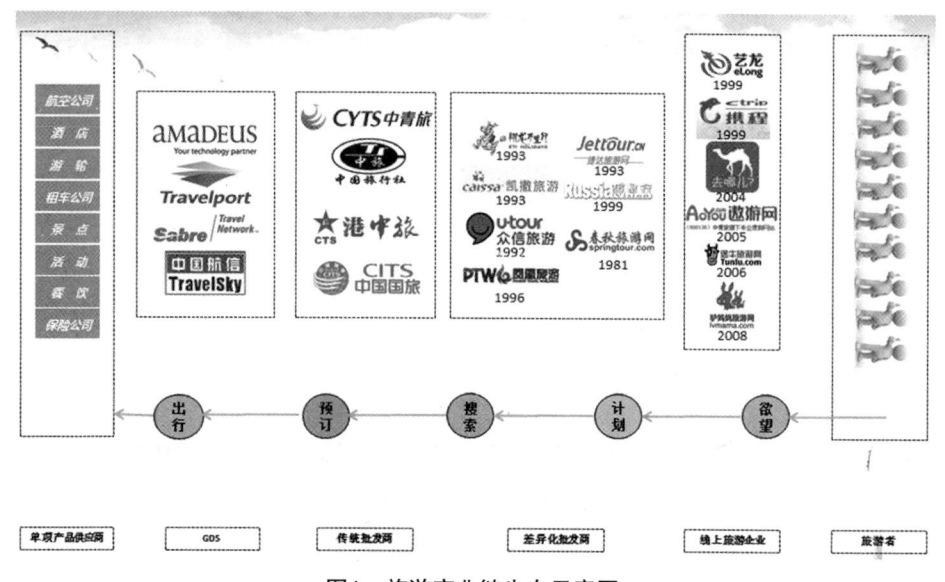

图1 旅游产业链生态示意图

这个产业链条的发展是伴随着我国旅游市场逐步发育而逐渐演化形成的，经过了如下几个阶段。第一阶段是改革开放之初到 20 世纪 90 年代早期，由于对外开放政策，入境旅游大力发展，国内旅游与国际市场对接，GDS（全球分销系统）的接入以及出境游配额政策的推出，使得下游以"国中青"为代表的大型旅行社批发商出现，成为我国旅游产业的主力军。第二阶段大约在 20 世纪 90 年代，伴随入境游的持续发展以及国内旅游、出境旅游的初步发展，从前一阶段以占有"全国"几个主要旅游目的地城市旅游资源为主的旅游批发商为主导的旅游产业链格局，开始向占有各个"区域型"旅游目的地资源为主的差异化旅游批发商格局转变，如众信、凤凰、凯撒等。第三阶段是自 1999 年到 2010 年，国家推出的黄金周政策是一道打开的"闸门"，将国内旅游需求释放了出来，催生出了数量众多的旅游零售商，即中小旅行社。几乎同时，伴随互联网技术的发展，1999 年携程出现，以艺龙、去哪儿、途牛等为代表的 OTA 们也陆续出现，它们打破了上述传统的产业链条,通过对产业链条中的各种中间环节"去中间化",直接沟通图1最左侧单项旅游产品的供应商和最右侧的旅游者,实现了两者在OTA平台上的直接交易。

然而,不管是传统的批发商、差异化的批发商,还是新兴的OTA,都是以占有或掌控目的地资源为主要目的,旅游形式也多以传统的团队游为主。但随着近几年国内旅游和出境旅游的兴起,以自助游、自驾游为主的形式出现,游客更多选择自由行、自驾游等更为自主、独立的出游形式,对传统的跟团游形式形成了挑战。图1中最下方表示的就是旅游者旅游的需求活动链条:每个节点表示的是一个旅游者的重要活动,包括从旅游者出游欲望的产生,到开始计划出游,然后通过各种信息渠道搜索出游信息供决策参考,之后是通过OTA、传统旅行社等旅游企业进行预订。预订环节之后就是从客源地到目的地,并在目的地进行旅游活动的"出游"环节。出游环节之后是"游后"环节,游客会对出游的满意情况在网络上进行点评。

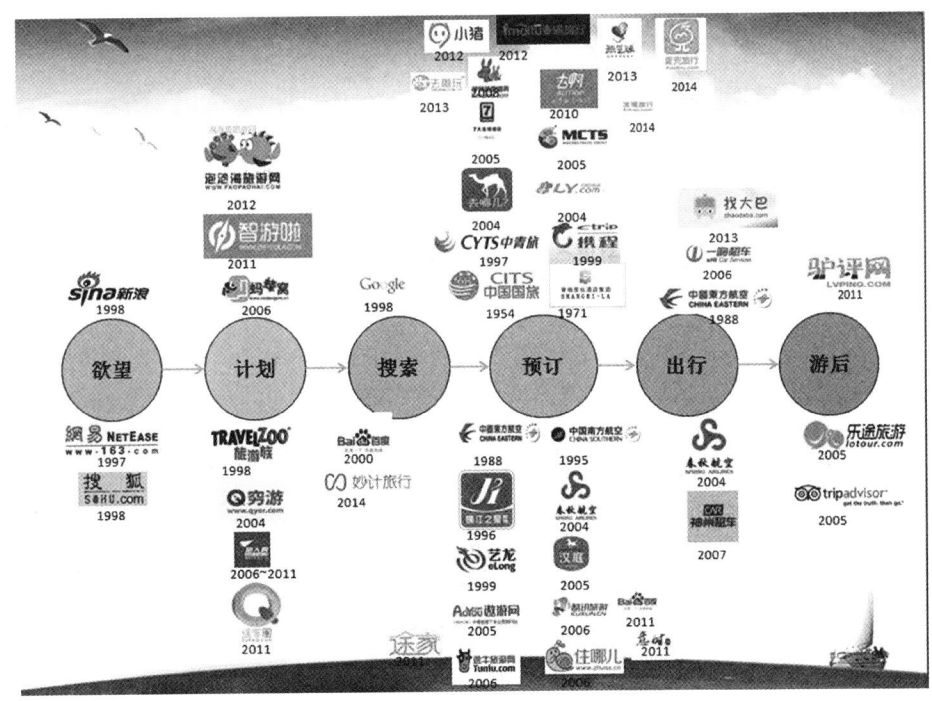

图2 旅游者出游活动需求链与需求链节点对应的旅游企业

注:根据《中国在线旅游市场发展趋势白皮书(2012—2015)》和《中国在线旅游市场行业市场分析报告》中的图表改编。图中LOGO代表每家旅游企业,LOGO下的数字代表该企业成立的时间。绘图:张红霞、张晓楠、黄硕。

图2显示的是围绕旅游者出游活动需求链条中的每个活动（每个节点）而相对应出现的诸多旅游企业。从数量上可以看出，大部分旅游企业创业时集中在"预订"这一环节，说明当时创业机会集中在"信息不对称"的交易环节——通过网络预订平台的搭建，可以促进供需两方很好地完成交易，这也是携程、艺龙和途牛等企业产生的重要商业模式，后续相当数量的企业模仿并进入这一领域，使得"预订"这一环节存在大量旅游创业企业。当然有一些新近成立的企业在其他环节也会出现，比如说2014年成立的妙计旅行是在"搜索"环节。

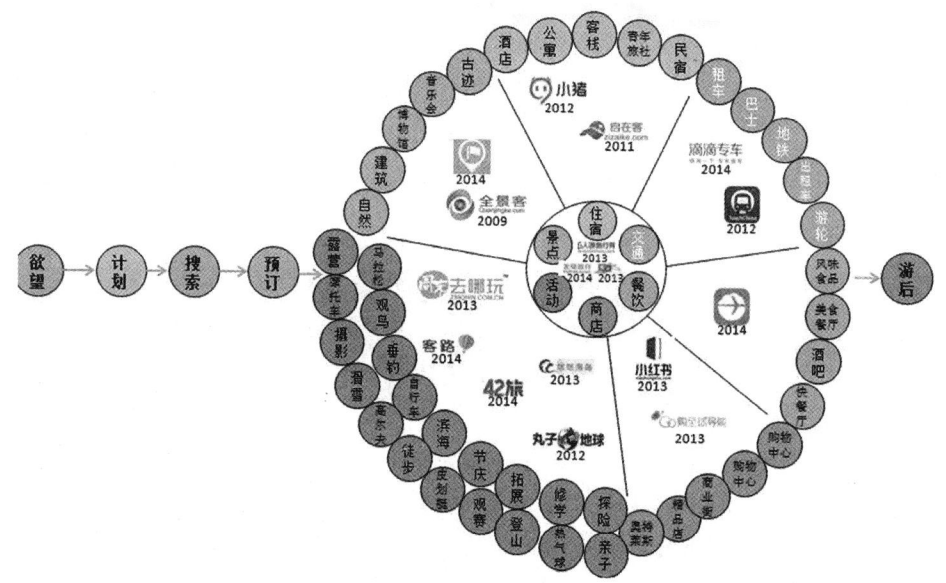

图3 游客出游环节中的旅游企业分布图

注：根据《中国在线旅游市场发展趋势白皮书（2012—2015）》和《中国在线旅游市场行业市场分析报告》中的图表改编。绘图：张红霞、张晓楠、黄硕。

然而，到了2013年、2014年，我们发现，在"预订"环节之后的"出行"环节出现了更多的"小鲜肉"。这一环节体现了旅游者前往目的地以及到了目的地进行游玩时有哪些需求，哪些企业来满足这些需求。由此，我们又对"出行"环节中存在的旅游企业创新创业机会进行了深入分析，如图3所示。根据"食住行游购娱"的旅游需求六大要素，要素中的每一项单项产品或几项单项产品的组合（如"机+酒"），旅游者都会自主、自助去购买，而不是找旅行社去打包购买，即"跟团游"。旅游者的需求出现了"碎片化"，形成了诸多"微细分市场"。例如，围绕住宿市场，出现了公寓、客栈、青年旅舍、民宿等大量"非标"新业态；围绕交通市场，除了传统的大巴，又出现了租车、巴士、地铁、出租车、短交通等一些新型的交通工具。同样，在餐饮、购物、文体娱乐活动等其他要素方面，也各自出现了微细分市场。围绕着这些微细分市场，出现了数量众多的中小旅游创业企业。例如针对住宿要素中的微细分市场，出现了途家、小猪短租、自在客、去呼呼等企业；针对海外购物市场，出现了小红书、Go 购全球购物指南等创业企业；针对文、体、娱、教等垂直细分领域，出现了42旅、无忌游、周末去哪儿、泡泡海和世纪明德等创业企业。

总之，上文中我们通过几张图展示了我国旅游产业生态圈演化，这一生态圈正在发生着巨大变化。它好像热带雨林的生态圈，当中不只是参天大树，也会有大树脚下、各个角落中看似渺小实则生命力顽强、充满生机的小树、小花。它们扎根于微细分市场，顽强地生长着。尽管只有在微细分市场中做到极致才能生存下去，但谁又能保证，它们中的某些成员终有一日不会成长为参天大树呢？

二、创业优秀实践

本部分将概述性地总结这些"小鲜肉"的特点，简要评价它们创业的优秀实践，更为详细和具体的内容可以参见《中国旅游企业创新创业发展报告（2014—2015）》的第四部分。

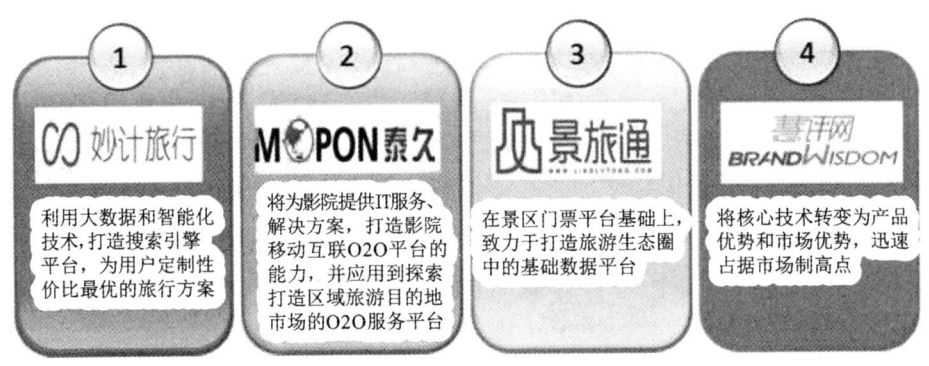

图4 以技术创新驱动的智慧旅游创业优秀实践

我们认为，当前旅游企业创业始终要处理好"技术"与"服务"两者间的关系。从整体趋势来看，两者的融合是未来的大势。但关键问题是，创业企业的资源和能力有限，需要对两者有所侧重，由于侧重点的不同，延伸出如下两种不同的创业模式：一类是以技术创新为驱动的智慧旅游创业模式，典型代表包括慧评网、泰久、景旅通和妙计旅行等，它们将智慧旅游概念落地，将技术创新与商业模式和服务模式有机结合起来。另一类是以目的地服务创新为驱动的创业模式，包括周末去哪玩、6人游、无忌游、九十度、发现旅行、麦途旅行、丸子地球等，它们更多地从目的地中旅游微细分市场出发，努力在这些利基市场中提供极致的服务。

图4给出的是四家在技术创新驱动创业方面具有优秀实践的旅游企业。四家企业都具有非常强的技术研发实力和技术团队，四家企业的创始人都具有IT技术背景或曾在IT企业从事高管工作。从创业模式来看，四家企业都利用技术的优势和所形成的技术壁垒而成功进入旅游业，从而初步解决了创业生存的问题。之后，四家企业都不约而同地选择了将技术优势转化为与旅游和酒店等相关的商业模式和服务模式。例如，泰久和景旅通两家企业利用移动互联技术和大数据收集与分析技术打造服务平台和数据平台，利用平台战略改变传统的旅游生态圈格局。而妙计旅行和慧评网（现更名为众荟）这两家拥有非常强的技术研发实力的企业，则努力将技术优势转化为服务解决方案，前者为顾客定制性价比最优的、一键式的旅行策划方案，后者则为酒店提供顾客住前、住中和住后点评反馈三个关键环节的大数据分析和咨询服务。

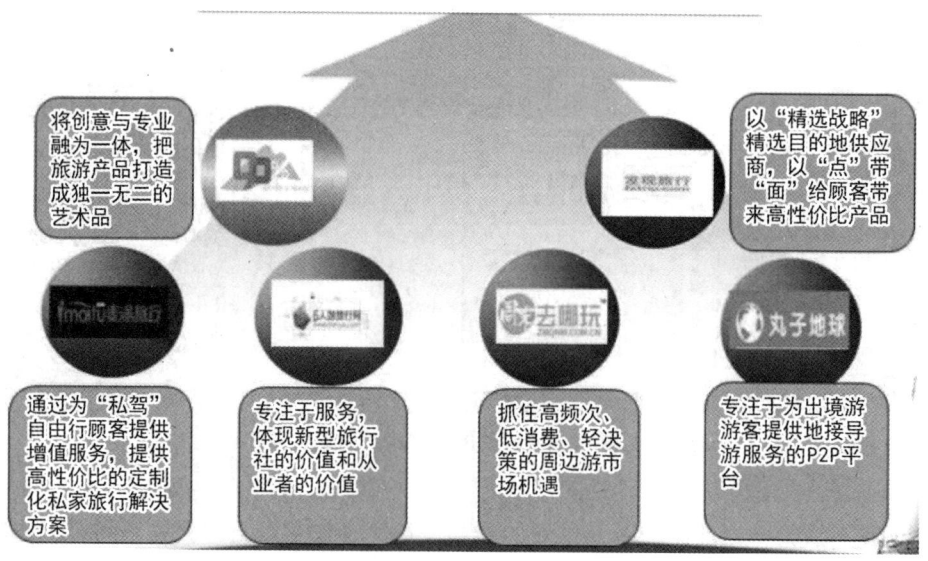

图5　以目的地服务创新驱动的旅游创业优秀实践

图5给出的是六家在服务创新驱动创业方面具有优秀实践的旅游企业。与前

一类企业相比，这几家创业企业虽然也有一定的技术优势，但从商业模式的侧重点来看，大多将服务创新放在重要位置，技术则只是一种辅助手段。如九十度这家公司，将创意与专业融为一体，把旅游产品打造成独一无二的艺术品。6人游专注于小包团的准定制化旅游服务，周末去哪玩抓住高频次、低消费、轻决策的周边游，丸子地球为出境游顾客提供地接导游的P2P服务模式，发现旅行以"精选战略"精选目的地供应商，为游客提供高性价比产品，麦途旅行为"私驾"自由行顾客提供高性价比的定制化旅行解决方案。可见，这几家企业都是从旅游服务中的不同角度进行了服务创新，与传统旅行社的商业模式有了较为明显的区别。事实上，这几家企业中的部分企业之前也考虑过以技术为驱动做平台模式，但在仔细分析市场环境和自身资源能力条件后，都逐步转向线下服务。可见，不管互联网和移动互联网技术多么强大、多么诱人，旅游创业企业都要思考技术与服务的关系：是将侧重点放在技术研发上，然后逐步转化为服务，还是将侧重点放在服务创新上，技术只是一种辅助手段？上述旅游企业给出了部分答案。

"一带一路"沿线国家酒店投资潜力分析

谷慧敏 黄 伟 贾 卉

内容提要：应充分认识到在"一带一路"沿线进行旅游酒店投资的战略意义，加快我国旅游企业"走出去"的步伐。本文基于统计数据，通过将 FDI 流入量和旅游创收两个数据指标作为"一带一路"沿线国家跨国投资区位选择的标准，分析得出沿线酒店投资潜力较大、投资前景明朗的相关国家。

一、研究背景

"一带一路"重大战略构想，是时代发展的新要求，是推动沿线各国合作发展的新构想，也为中国企业境外直接投资提供了前所未有的战略机遇。当下我国对"一带一路"沿线国家投资行业结构呈现出能源工业占绝对主导地位，辅以金属矿石、不动产及交通行业的局面。中国对"一带一路"沿线国家投资的首要动机是获取战略性资源，如石油、天然气、矿石等，投资聚焦重工业轻第三产业。

另外，根据国家旅游局的统计，2015 年中国公民出境旅游人数达到 1.2 亿人次，旅游花费 1045 亿美元，相比 2014 年同比分别增长 12% 和 16.7%。这一系列数据表明，中国旅游行业在新常态的经济主体下，正在健康地发展。随着中国游客不断"走出去"，中国企业也正在加快"走出去"步伐。过去的 2015 年，我国旅游投资持续强劲增长，全年完成投资 10 072 亿元，同比增长 42%，历史上首次突破万亿元大关，并呈现出投资主体多元、投资模式多样、投资区域扩大等特征。海外投资酒店既可以分散风险，又可以搭建境外融资平台，提升资金周转效率，缓解资金压力，是当下相关企业海外投资并购的热门选择。

旅游合作被认为是"一带一路"国家和地区互联互通中共识最多、分歧最小和基础最扎实的领域。对外旅游投资有助于提升东道国旅游服务设施水平，帮助东道国吸引更多入境游客，同时跨国间的旅游流带动大量的资金流、商贸流、信息流，带动新的投资机会，进一步带动一系列商业、金融、基础设施等领域的对外投资，有助于我国"一带一路"战略积极有效地实现。因此，应充分认识到在"一带一路"沿线进行旅游酒店投资的战略意义，加快我国旅游企业"走出去"的步伐。

本文基于统计数据，通过将FDI流入量和旅游创收两个数据指标作为"一带一路"沿线国家跨国投资区位选择的标准，分析得出沿线酒店投资潜力较大、投资前景明朗的相关国家。

本文数据来源于以下方面：中国国家统计局以及环球经济杂志网站上收集了2014年"一带一路"沿线65个国家2011—2014年GDP（国民生产总值）、2011—2013年沿线国家的FDI（外商直接投资）面板数据，以及2014年人均GDP的截面数据。在旅游服务业体量方面，我们同样从中国国家统计局以及世界经济论坛网站上收集了"一带一路"沿线65个国家2011—2013年旅游创收的面板数据，和这些国家2014年第三产业比重、入境旅游人数的截面数据。同时，我们还选取了这65个国家在商务部《2014对外投资合作国别（地区）指南》中全球旅游竞争力的排名。

二、主要研究结果

通过数据分析可以得出：第一，绝大多数国家近四年的GDP都呈明显的递增趋势，沿线国家的整体经济水平不断上行。经济实力是国家发展的基础，经济水平的匀速上升是国家经济健康发展的表现。旅游酒店作为一种非基本的生活需要，经济水平的提高将会大量催生旅游酒店等服务业的需求。第二，对于大多数国家来说，这3年的旅游创收呈明显的增长趋势。旅游越来越成为大众日常生活中的休闲选择，催生出更多的旅游住宿需求。反映在GDP当中，凡是第三产业占比较大的国家，其旅游创收在GDP中的比重通常都会高于其他国家。第三，各国FDI流入量面板数据并无明显的趋势走向，但截面数据差别较大，且外商直接投资集中在以新加坡、俄罗斯、印度、印度尼西亚、阿联酋和沙特阿拉伯为主的一小部分国家，投资吸引力固定，因此这些国家对于外资的吸纳方式和处理方法会比较成熟。第四，入境旅游人次较多的国家，FDI流入量相对较大。这在一定程度上体现了国家的开放度，政府和企业在进行酒店跨境投资的时候如果能进入到中国入境旅游人次较多的国家，将会更加有利于企业"走出去"时面对不同国家文化冲突进行的磨合。第五，除新加坡、阿联酋、马来西亚、泰国等少数几个国家之外，沿线国家的旅游竞争力排名在141个经济体中位列中等及以下，很多国家没有竞争力排名。由此说明这些国家通过发展旅游业创造经济和社会效益的能力还不是很强大,在进行酒店业跨境投资的时候需把握好投资力度,不要过分高估投资实力。

根据搜集到的数据,将"一带一路"沿线63个国家(卡塔尔和也门两个国家除外)统一绘制到如图1所示的四象限散点图中。其中,图中交叉点的数据表示63个国家2011—2013年FDI平均流入量和平均旅游创收的总均值。从右上到右下逆时针的四个象限分别表示四个投资潜力类型的国家。第一象限为高潜力投资国家,这些国家的FDI流入量高于平均水平,旅游创收高于平均水平,投资前景利好;第二象限为较高潜力投资国家,它们的FDI流入量低于平均水平,但旅游创收高于平均水平,旅游业的良好发展态势会为这些国家的酒店投资带来一定的机会,但受FDI流入量低的限制,酒店业跨境投资到此地的现象并不十分突出;第三象限是低潜力投资国家,这些国家的FDI流入量和旅游创收均低于平均水平,处于"一带一路"沿线国家中投资最弱的地区;第四象限为一般潜力投资国家,它们的FDI流入量高于平均水平,但旅游创收低于平均水平,旅游业的不发达会对酒店投资带来较大程度的限制。表1显示了各个投资潜力类型所包含的国家。

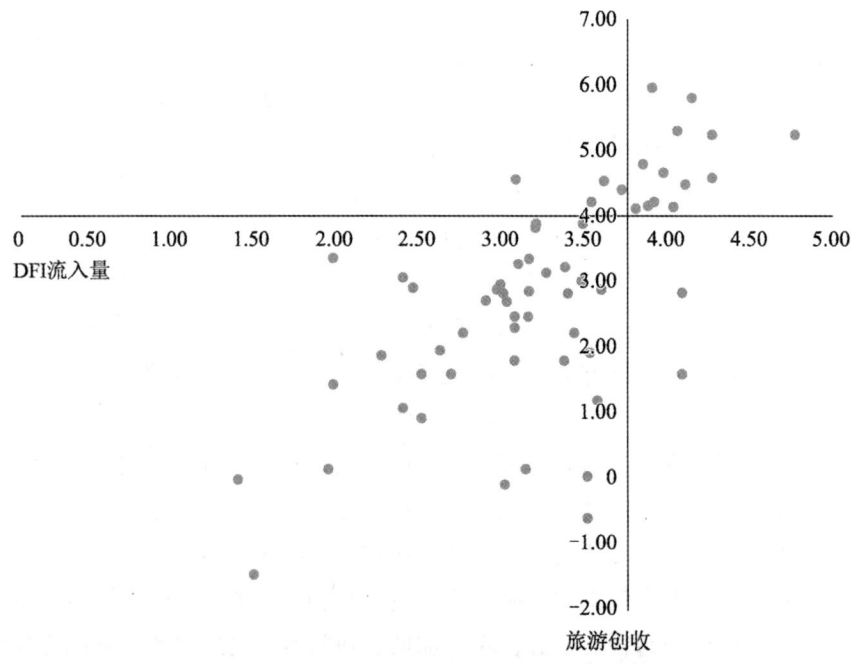

图1 "一带一路"沿线国家投资四象限图

"一带一路"沿线国家酒店投资潜力分析

表1 "一带一路"沿线国家投资潜力象限表

高潜力投资国家	阿联酋、波兰、俄罗斯、马来西亚、沙特阿拉伯、泰国、越南、土耳其、乌克兰、新加坡、匈牙利、以色列、印度、印度尼西亚
较高潜力投资国家	埃及、捷克、克罗地亚、黎巴嫩
一般潜力投资国家	哈萨克斯坦、吉尔吉斯斯坦
低潜力投资国家	阿尔巴尼亚、阿富汗、阿曼、阿塞拜疆、爱沙尼亚、巴基斯坦、巴勒斯坦、巴林、白俄罗斯、保加利亚、波黑、不丹、东帝汶、菲律宾、格鲁吉亚、黑山、柬埔寨、科威特、拉脱维亚、老挝、立陶宛、罗马尼亚、马尔代夫、马其顿、蒙古、孟加拉、缅甸、摩尔多瓦、尼泊尔、塞浦路斯、塞尔维亚、斯里兰卡、斯洛伐克、斯洛文尼亚、塔吉克斯坦、土库曼斯坦、文莱、乌兹别克斯坦、叙利亚、亚美尼亚、伊拉克、伊朗、约旦

三、高潜力国家酒店业国际化水平分析

为了进一步探讨上述研究所发现的高投资潜力国家的酒店国际化情况，并且更加直观地表现各国酒店业国际化水平，本文通过对第一、第二象限共18个国家的国际排名前十的各品牌酒店集团数量的数据搜集，形成表2。可以发现：

表2 国际品牌酒店数量分布表（国际排名前十酒店集团）[①]

单位：家

	洲际	希尔顿	万豪	温德姆	精选	雅高	喜达屋	最佳西方	如家	锦江	合计	各国酒店总数	前十酒店集团占比（%）
印度	43	16	34	24	4	31	66	34	0	0	252	3608	7
印度尼西亚	21	4	11	6	0	91	30	17	0	0	180	8010	2
土耳其	24	38	14	36	0	17	15	19	0	0	163	4139	4
泰国	19	27	19	2	0	55	24	12	0	0	158	9760	2
阿联酋	23	23	15	16	0	28	30	0	0	0	135	1065	13
波兰	7	15	4	0	0	64	6	32	0	0	128	1935	7
俄罗斯	20	20	17	2	0	27	10	9	0	0	105	4823	2
沙特阿拉伯	41	14	11	5	0	15	14	4	0	0	104	1057	10
埃及	13	21	9	2	0	14	12	0	0	0	71	775	9

---

① 国际排名前十酒店集团数据来源于各酒店集团官网，其中包括在建拟开业的酒店；各国酒店总数由于缺乏官方统计，所以此处数据来源于携程旅行网海外酒店搜索项统计结果。

续表

	洲际	希尔顿	万豪	温德姆	精选	雅高	喜达屋	最佳西方	如家	锦江	合计	各国酒店总数	前十酒店集团占比（%）
马来西亚	4	6	9	6	1	9	20	5	0	0	60	3407	2
捷克	7	2	6	0	6	8	2	16	0	0	47	1897	2
越南	10	3	3	0	0	20	7	0	0	0	43	3903	1
匈牙利	3	2	4	2	0	17	1	8	0	0	37	2645	1
以色列	11	3	2	9	0	2	1	1	0	0	29	928	3
新加坡	7	4	5	1	0	7	5	0	0	0	29	466	6
黎巴嫩	7	2	0	2	0	1	2	0	0	0	14	159	9
克罗地亚	0	2	0	0	0	0	4	4	0	0	10	5662	0.2
乌克兰	2	1	0	3	0	1	0	1	0	0	8	219	4

第一，国际排名前十的酒店集团对于这些国家都有相对的覆盖，但是我国本土酒店集团代表——如家和锦江在这些国家的酒店覆盖为零；第二，各国排名前十酒店集团酒店数量参差不齐，传统旅游热点国家如阿联酋、泰国、新加坡、印度尼西亚拥有较为完整的酒店品牌覆盖和较可观的酒店品牌数量，一些新兴旅游热点国家如波兰、土耳其、俄罗斯的品牌酒店也拥有较多的数量，而捷克、克罗地亚、匈牙利、越南这些潜在旅游"黑马"国家，在排名前十酒店品牌数量上还是十分少的；第三，总体上来说，除去阿联酋、新加坡、沙特阿拉伯这些酒店国际化水平较高的国家，多数高投资潜力国家的酒店国际化水平较低，其中克罗地亚、匈牙利这两个国家的前十酒店集团酒店数量占总比甚至不到1%，酒店国际化水平十分低，而综合投资潜力表现却又十分不俗，这其中所存在的投资缺口值得我国酒店集团考量。

综上所述，由于"一带一路"沿线国家经济水平、文化差异巨大，地缘政治情况也是错综复杂，因而投资潜力各不相同。与此同时，高潜力国家酒店业国际化水平存在一定差异，这给我国酒店业跨国经营提供了较为丰富的机遇，但同时存在一定的不确定性和风险性。

大健康产业生态圈,我们来了!

张 超

内容提要:随着健康服务业的兴起与发展,更多与传统酒店和旅游业跨界融合发展的新业态不断涌现,迫切需要相应的人才队伍建设。然而,传统医科院校培养的、以疾病治疗为主要目标的健康管理人才无法完全满足日趋多元的健康需求背景下服务模式创新和业态创新的需要。酒店业是最先进的服务生产力的代表,传统酒店业积累沉淀下来的理论体系和管理智慧可以运用到诸多"以'人'为服务对象"的类似产业中去。立足于共同的理论内核和产业基础,北京第二外国语学院酒店管理学院致力于创新专业方向,融入大健康产业生态圈,助力健康服务业蓬勃发展。

一、为什么要建设健康服务管理专业

(一)契合新时期国家重点培育和促进发展健康服务业的需要

健康服务业围绕人民群众的身心健康提供服务,一头连着民生福祉,一头连着经济发展。我国经济社会发展到现阶段,为发展健康服务业创造了良好条件和现实可能,也对其发展规模提出了客观要求。在发达国家和地区,健康服务业已成为现代服务业中的重要组成部分,产生了巨大的社会效益和经济效益,如美国健康服务业规模相对于国内生产总值比例超过17%,其他OECD国家一般达到10%左右,比较而言,我国健康服务业发展潜力和空间巨大。为此,国发〔2013〕40号文件《国务院关于促进健康服务业发展的若干意见》明确提出"到2020年,我国基本建成覆盖全生命周期、内涵丰富、结构合理的健康服务业体系。健康服务业总规模将达到8万亿元以上,成为推动经济社会持续发展的重要力量"。如此巨大的产业规模预期,同时也为与之相匹配的人才培养与人力资源开发提出了相应的要求。

健康服务业主要包括医疗服务、健康管理与促进、健康保险以及相关服务，涉及药品、医疗器械、保健用品、保健食品、健身产品等支撑产业，覆盖面广，产业链长（国发〔2013〕40号文件）。其中，健康管理与促进主要面向健康和亚健康人群，内涵丰富，发展潜力巨大。发展健康服务业，需要在不断加强基本医疗卫生保障的基础上，不断发现并针对市场需要，创新服务模式，发展新兴业态。因此，传统医科院校培养的以疾病治疗为主要出发点的健康管理人才无法完全满足日趋多元的健康需求背景下服务模式创新和业态创新的需要。而且，随着我国健康服务业发展进一步深入，更多与传统酒店业和旅游业跨界融合发展的新业态会不断涌现，如养老酒店、养生山庄（会所）、疗养度假村、康复休养所等，同样迫切需要相应的人才队伍建设。但是，在上述领域我们的人才培养体系还非常薄弱。

（二）解决人民群众健康服务需求旺盛与产业服务供给不足矛盾的需要

近年来，随着我国经济社会平稳较快发展，人民生活水平显著提升，人人向往和追求健康、美好生活的愿望愈加强烈，健康服务需求快速释放，且呈现出多层次、多样化的特点。人民群众对健康服务的需求正在从传统的疾病治疗转为更加重视疾病预防和保健，以及追求健康的生活方式，对健康体检、健康咨询、健康养老、体育健身、养生美容以及健康旅游等新兴健康服务的需求都在快速增加。然而，我国健康服务业却处于刚刚起步阶段，存在产业规模小、服务体系不完善、服务供给不足、观念相对滞后、专业服务人才短缺等问题。

与此同时，我国高校现有健康管理人才培养大多存在于具有浓厚医学护理背景的医科类院校，重医疗知识、轻服务理念，重护理技能、轻服务技能，学生在校期间较少接触服务运营管理、消费者行为等工商管理类课程，难以适应新形势下打造覆盖全生命周期、内涵丰富、结构合理的健康服务业体系的需要。这种人才结构是在仅具有疾病治疗这种单一健康服务需求时期的产物，已经无法适应现阶段广大人民群众全面、快速释放的多元化、多层次的健康服务需求。

人才匮乏不仅会造成服务质量、运营效率低下，而且会阻碍健康服务产业蓬勃发展的良好态势，进而无法很好地满足人民群众正常的消费需求。在酒店管理学院建设专门的健康服务管理专业，有利于从最明显的服务产业特征着手，有针对性地开设部门管理和职能管理方面的课程，培养出真正能够服务于新时期健康服务企业的管理人员。

（三）国内高校学科建设与国外先进院校接轨的需要

国外高校的健康管理专业的教育分两种类型：第一，基于医疗的公共管理教育，大多归属公共管理学院或医学院，旨在培养卫生管理与医疗服务相关工作的高素质应用复合型管理人才。在健康管理专业的学科建设上，在国内已有一批高校如中国医科大学、首都医科大学、浙江医学高等专科学校和杭州师范大学等相继开设了公共卫生和健康管理专业。这些学校的毕业生主要在专业医疗机构就业。

第二，服务与酒店管理教育的延展。在美国、欧洲等国家，酒店管理专业的人才培养，除服务于传统意义上的酒店业以外，还面向如医院、养老院、学校甚至监狱等各类提供食宿的机构，同时已经开始关注服务行业对民生的影响，并相应设立了服务于交叉行业管理人才培养的专业，如健康服务管理本科专业及研究生学位项目等。由于专业设置与行业对接较为紧密，毕业生备受青睐，往往就业于日趋流行的酒店式医院、健康旅游业等。

然而，在中国，许多具有中国特色的健康服务行业如中医会馆、养生餐饮及保健疗养等行业，随着规模的不断扩大也存在着巨大的管理人才需求，但目前国内高校还没有非医学治疗的、专门为此类行业提供相应人才的高等教育专业或方向。

（四）健康服务管理人才市场需求转变的需要

目前我国的健康服务业尚处于起步阶段，人才队伍结构复杂、零散，且波动性和随意性较强，更没有形成实力雄厚、生源固定的人才培养体系。然而，随着中国健康服务市场规模的不断扩大、业态结构的日新月异，新时期健康服务产业的大发展越来越迫切需要能够通晓管理和经营的本土化高层管理人才。这些人才要有较高的语言能力、沟通能力和文化素养，且要有把握市场动态及发展趋势的能力，熟悉全球健康服务业行规、法规及操作模式。

（五）酒店管理教育自身发展的迫切需要

实际上，很多国际知名酒店管理学院都以"School of Hospitality Management"命名，表现出酒店管理学院人才培养范围的外延可以扩展到"接待服务业+"的诸多领域，如"接待服务业+度假""接待服务业+医院""接待服务业+休闲"等。其原因在于酒店业是最先进的服务生产力的代表，传统酒店产业积累沉淀下来的理论体系和管理智慧可以运用到诸多"以'人'为服务对象"的类似产业中去。毋庸置疑，以维护和促进人民群众身心健康、提高国民生活品质和幸福感为目标的健康服务产业是酒店管理教育有能力开拓的重要领域。与此同时，依托我国大力促进健康服务业发展的宏观背景，利用丰富的产业实践资源基础，有利于我们探索"基于中国情境的接待服务业管理教育模式"，为世界酒店管理教育贡献中国经验和中国模式。

二、为什么是酒店管理学院建设健康服务管理专业

（一）立足于酒店管理理论与实践积累的健康服务管理专业具有先天优势

健康服务产业属于集社会公益和商业运营于一体，以接待服务（酒店服务）为内核，围绕"接待服务"周边的是以"健康"为主题的包括保健、养生、养老、饮食、康复等相关业态的融合。

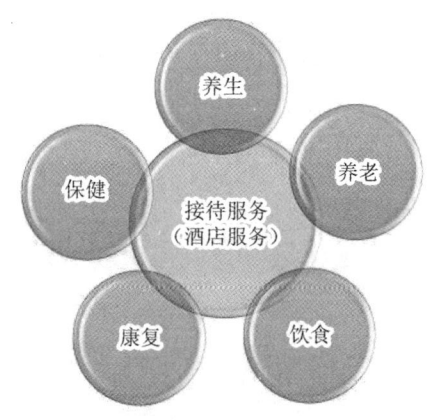

图1 接待服务（酒店服务）与"健康"主题相关产业的融合

正是基于这种产业"大融合，大发展"的态势，健康服务管理专业具有先天的产业基础优势。该专业属于新兴交叉学科，具有高度复合型、融合型的特点。尽管该专业既可以发源于传统的医学系列专业，也可以产生于服务管理系列专业，但相比之下，以优化再造服务流程，提高服务质量与顾客满意度，提升企业整体服务运营水平为培养目标的处于高速成长期的服务管理系列专业，更适合新时期国家大力发展全生命周期健康服务产业体系的内在要求，也更能够多角度、全方位地弥补健康服务产业规模不断扩大的人才缺口，进一步提高我国医疗、健康、养生和养老等产业的整体服务质量，对改善医患关系，提高顾客满意度起到重要作用。

（二）酒店业与健康服务业具有共同的产业属性

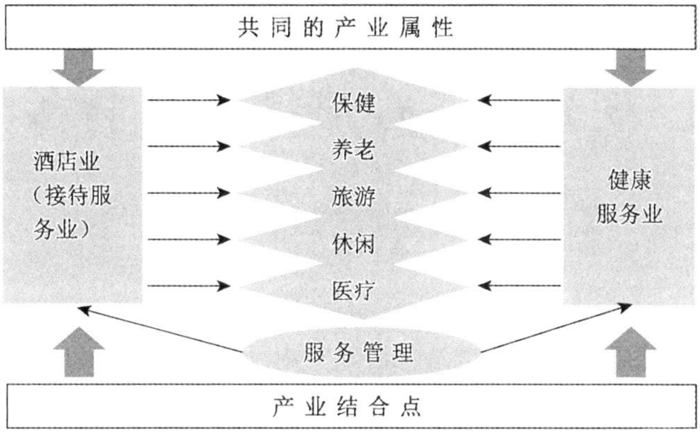

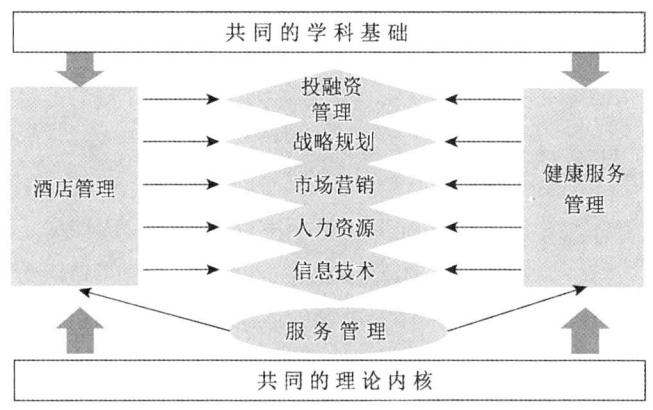

图2　酒店业与健康服务业共同的产业属性

（三）酒店管理与健康服务管理具有共同的学科基础

图3　酒店管理与健康服务管理共同的学科基础

三、结语

综上所述，响应《国务院关于促进健康服务业发展的若干意见》的号召，顺应我国健康服务管理产业的发展趋势，结合酒店管理学院自身专业建设的基础和需要，努力建设健康服务管理专业，不仅是必要的，而且是可行的。

健康+观光，医疗旅游到底有多美！

雷　铭

内容提要：随着社会人口老龄化问题加剧以及医疗成本的飞涨，民众的保健意识不断增强，把健康和观光结合在一起的医疗旅游（Medical Tourism）正在全球掀起新一轮热潮。2014年出台的《国务院关于促进旅游业改革发展的若干意见》中提到，要积极推动包括医疗旅游和中医药健康旅游在内的特色旅游发展，将医疗旅游发展提升至国家战略层面。健康+观光的旅游方式，听起来很美，可是"韩国整容维权失败"等新闻事件报道屡见不鲜。那么，医疗旅游到底有多"美"呢？

一、什么是医疗旅游？

国内外关于医疗旅游的表述很多，包括医疗旅游、健康旅游、保健旅游、养生旅游、温泉旅游、森林旅游、体育旅游等。世界旅游组织将医疗旅游定义为以医疗护理、疾病治疗、康复与休养为主题的旅游服务。不过，医疗旅游涉及的服务治疗并没有严格限定，概括来说，可以分为以医疗服务为主的重医疗旅游和以康复疗养为主的轻医疗旅游两类。在医疗旅游企业界和学术界，往往对医疗旅游和健康旅游不做过多区分，通常来说，医疗旅游与医疗服务、医疗诊断、生活方式服务关系更加密切，健康旅游更多是指以休闲和疗养为主的旅游活动。

医疗旅游的发展历史可谓源远流长，古代西方建立的温泉疗养地 SPA 就是一种医疗旅游形式。中国古代诗人贾岛的《寻隐者不遇》写道：松下问童子，言师采药去。只在此山中，云深不知处。这首诗描绘的情境将医疗、旅游、健康、森林等医疗旅游要点完美结合在一起。近几年来，医疗旅游迅猛发展，从单边的发展中国家游客向发达国家寻求医疗治疗转变成双边的医疗旅游游客流动。据统计，全球医疗旅游市场总体规模约为600亿美元，每年市场消费约为210亿美元，年增长率为20%~30%。以邻国韩国为例，中国人赴韩整形医疗旅游人数近5年激增20倍。消费行为学研究发现，医疗旅游游客总体消费约为一般游客的两倍以上，住宿消费时间一般在2周以上。作为一项高收益的专项细分市场和利基市场，可以预见，医疗旅游即将成为我国未来旅游业新的经济增长点。

二、医疗旅游的流向

传统上，医疗旅游模式通常是发展中国家的患者到发达国家高端的医疗中心寻求医疗服务，但是，随着发展中国家医疗水平的提高，低廉的医疗费用和交通旅游费用、更快的就诊服务、互联网的发展等因素吸引着越来越多的发达国家患者前来发展中国家就医。目前国际医疗旅游产业流向，主要是中东、美国、加拿大、西欧等发达国家的医疗旅游患者前往印度、泰国、马来西亚、新加坡等东南亚国家。目前我国医疗旅游发展，主要有两种流向：一是中国富人到海外发达国家寻求更优质的医疗服务，比如目前发展迅猛的盛诺一家等医疗旅游服务公司，提供海外远程会诊、海外治疗、海外体检、海外疗养、海外美容等医疗信息和服务。二是海外患者到中国接受医疗旅游服务，这部分患者以海外华人华侨为主。中国人口众多，一些三甲医院的专科医生有更多机会接触患者，实施医疗诊治，近年来国内临床科研水平迅速提高，所以总体上国内医疗水平位居世界前列。不过，国内医患关系紧张，患者对医生的信任度降低，"看病难""看病贵"问题存在已久，医护人员的服务水平还有所欠缺。从发展国内医疗旅游，尤其是重医疗旅游项目的角度出发，势必要努力提高我国医疗服务水平，增强服务意识，才能留住中国富人患者，并吸引更多的海外就医患者。从服务层面看，酒店行业乃至整个服务接待业将大有可为。

三、我国医疗旅游发展优势和障碍

发展优势：①诺贝尔医学奖获得者屠呦呦提到，青蒿素是传统中医药送给世界人民的礼物。我国拥有丰富的旅游资源和世界级的医疗资源，并且传统中医药优势明显，具有发展医疗旅游得天独厚的优势。随着我国中药科学家屠呦呦获得诺贝尔医学奖，传统中医药在国内外影响力进一步加大，势必会强力推动我国中医药特色医疗旅游产业的迅猛发展。②中国拥有大批医术一流、外语流利、具有国际视野的优秀医疗服务人员，以及复合型高素质的服务接待业从业者，具备建立世界一流医疗旅游服务中心的潜质和资源。

发展障碍：①缺乏对医疗旅游企业的监管。最近几年，国内医疗旅游企业发展迅猛，但大多数企业只是昙花一现。医疗旅游企业提供的产品包括海外就医等传统医疗服务，也包括抗衰老、分子美容等"时髦"服务，不过在缺乏正规监管的情况下，有些服务不免被消费者扣上"山寨"和"过度宣传"等帽子。②缺乏对消费者权益的保护。类似"韩国医疗整容维权"事件屡见不鲜，国内应该吸取经验教训，在发展医疗旅游之初就大力加强医疗服务售前与术后护理安排，建立完善的法律和司法程序，切实为医疗旅游消费者提供保障。③服务意识淡薄。医疗旅游涉及的绝不仅仅是医院的医疗服务，还包括前期沟通的咨询服务、语言服务、签证服务、住宿和餐饮服务以及后期的护理服务、康复服务、旅游服务等，医疗服务从业者势必要提高服务意识，增强服务观念，才能提供高质量的、消费者满意的医疗旅游服务。

从"美国飞鱼"拔罐看"酒店+健康"发展路径

张 超

内容提要：从屠呦呦的青蒿素到菲尔普斯的拔火罐，中医治病的奇妙不胫而走。然而，中医更大的神奇在于"治未病"，在于预防医学的健康管理。从"疾病医学"到"健康医学"，从"医疗服务"到"健康服务"，酒店作为人们居家生活之外的重要空间，越来越多地承载着人们对于"美丽""健康"和"愉悦"的消费，由此也形成了酒店业与健康服务业融合发展的不同路径。

4年前伦敦奥运会，迈克尔·菲尔普斯斩钉截铁地说："这是我的最后一场奥运比赛了。"4年后里约奥运会，31岁的"飞鱼"王者归来，续写夺金神话，唯一不同的是他背上远看像"爆款文身"，近看为中医拔罐的痕迹。就在"飞鱼"不负众望斩获第19金的同时，拔罐这项古老的东方神技也在奥运会上惊艳亮相。为此，社交平台Twitter还专门开设话题讨论菲尔普斯身上的拔罐疗法，英文称作Cupping Therapy。

随后人们发现，菲尔普斯曾多次在宣传片上、微博上公开赞叹过拔罐对其缓解运动后肌肉酸痛的神奇疗效。同样热衷于拔罐的西方运动员也不在少数，如美国获得12枚奥运奖牌的前游泳选手娜塔莉·考芙琳、美国体操运动员亚历山大·纳多尔、澳大利亚奥运金牌获得者前游泳选手赖斯、白俄罗斯游泳运动员帕维尔·桑科维奇、新西兰橄榄球运动员索尼·比尔·威廉姆斯等。

中医是我国的四大国粹之一。2000多年前记载于《黄帝内经》中的"圣人不治已病治未病"可以看作现代预防医学的起源。直到1996年，世界卫生组织提出21世纪西医学正从"疾病医学"向"健康医学"发展的理念，其实是与"中医治未病"的思想不谋而合。既然医学的治疗对象不再仅仅是"已病"的患者，而是广大"未病"的健康人群，那么医疗服务就应该拓展为健康服务，健康服务就需要走出传统的医疗机构（医院），需要更为广阔的平台，需要更多嵌入于人们日常生活空间的载体，如此来看，酒店最合适不过。

萧伯纳曾说过"酒店是逃离家庭生活的避难所"。伴随着人类物质文明与精神文明的全面进步，酒店业所要承载的功能与使命也越来越丰富。未来酒店业不仅是现代服务业的一个典型代表，更是后现代社会视野下人们消费方式变迁的缩影。毋庸置疑，无论是定义为"美丽""健康""愉悦"的新消费理念，还是生活环境和方式变化所导致的健康消费需求的增加，都为酒店与健康服务机构的融合发展提供了无限的商机。

就目前来看，酒店式医院、医疗酒店、养生酒店、健康主题酒店等概念渐入人们视野，一时间有点"乱花渐欲迷人眼"，到底是医院，还是酒店？从酒店学人的角度来看，这大致体现出了酒店与健康服务机构融合发展的三种路径。第一种是以酒店为主体，开发健康服务主题产品。这其中又分为三类：

其一，依托特有资源的度假酒店，以著名的养生保健项目为最大特色。例如，世界上历史最悠久的"养生酒店"是位于墨西哥加利福尼亚半岛的 Rancho La Puerta，创立于 1940 年，其首创的七天包价产品能够让顾客从饮食、运动、水疗、讲座、游戏、工作坊等各项活动中全方位地体验养生和疗愈的过程，使客人在离开酒店之后依然能够保持平衡和愉悦的生活状态。

其二，在传统商务酒店的基础上，融合更多健康主题元素。最为典型的是洲际酒店集团于 2012 年创立的 Even Hotels 品牌，该品牌旨在打造拥有健康生活方式的商务休闲酒店，通过持续健身（Keep Active）、健康饮食（Eat Well）、休息放松（Rest Easy）、高效办公（Accomplish More）四个方面的设施和服务，使得顾客在旅途中也能保持身心健康和愉悦，并拥有旺盛的工作精力。

其三，依托现有酒店有形及无形资产，跨界与传统医疗及健康服务机构联合发展。例如，我国某些五星级酒店与知名母婴护理中心合作，将"月子中心"开进大酒店。

第二种是"高端医疗平台＋酒店式服务质量管理"，即在传统医疗机构的平台上，加强服务质量监控和管理，以提升患者及其陪同家人的就医体验和满意度为最终目标，如新加坡百汇医疗公司就属于此种类型。

第三种是共同体模式，即在规划初期就将医疗或健康服务机构与酒店就近选址，联合开发，形成集群效应，这种类型多见于大规模的健康产业园区（Health Region），如美国温德姆休斯敦医疗中心及酒店。

因此，以"星级服务""微笑服务""管家式服务"等优质服务为重要标志的酒店服务是最优秀的服务生产力的代表。酒店的行业优势不仅能够为传统医疗服务机构中的病患提供更优质的住宿、餐饮、康复方面的便利，还能够充分保护患者的隐私，提升其自信和安全感，进而促进疗效。与此同时，在人们日益重视健康管理、提倡健康消费的今天，酒店作为人们在居家生活之外重要的流动空间，也更有可能成为为更广大健康人群调理气血、放松身心、修身养性提供服务的重要场所。

综合来看，服务管理是酒店业与健康服务业共同的理论内核，全球酒店业历经百年所积累的管理智慧和经验能够对未来健康服务业的发展起到重要的借鉴作用，酒店业也能够在与健康服务业融合发展的进程中承载更多的政治、经济、文化以及对外交往的职能，进而拓展出"酒店+健康"的新领域和新路径。

第二篇

战略与运营

以我为主,解困得救

秦 宇

内容提要:饭店市场中受到的政策影响带来的冲击还未缓和,经济低迷带来的商务和休闲旅游增幅放缓的影响又接踵而来。除了少数市场外,全国大部分市场的饭店运营者的日子都不太好过。如何"解困"的文章也层出不穷。我们认为,对于解困这件事而言,从来就没有什么救世主,也不能靠神仙皇帝,要创造我们的幸福全靠我们自己,自救者才能得救。

近年来,由于宏观环境和运营环境的变化,饭店企业的经营遇到了较多的困难。最新公布的全国星级饭店统计公报表明,2015年第二季度中高星级酒店的Revpar与2014年第二季度相比仍在下降。困难和问题多了,开"药方"的也多了。翻开各种传统媒体或点击各类新媒体上的报道,我们常常发现以"高星级酒店如何转型?""五星级酒店如何走出低迷?""如何应对员工荒?"等为标题的文章。这些文章往往为饭店企业提出了应对困难的对策,例如"给员工提供良好的激励""酒店应做出特色、做出文化""改善品质、提升服务"等。这些文章大都建立在调查研究的基础上,作者们(往往也被称为"专家")仔细观察行业内转型成功的某家或若干家酒店,然后对其中有可能导致成功的做法进行总结,归纳出若干的模式、原则、方法或策略。这些对策真的有用吗?不好说。有管用的,也有误事的,但更多的是不管用的"正确的废话"——例如"要降低员工流动率,应为员工提供良好的激励"。谁都知道良好的激励可以提高劳动生产率、降低员工流失率,但关键是落实到某个具体酒店上,员工需要什么样的激励?饭店企业中的管理者应如何操作?提出对策的专家往往不能给出答案。

此类对策行不通的主要原因在于消费和管理现象的复杂性。消费和管理的某一现象,是多种变量共同决定的结果。穷尽这些原因变量在理论上是可能的,但是在现实中难度极大。中国地域广大,不同地区的饭店由于所处地区的经济发展水平、历史地理、社会文化等因素的不同，饭店消费者和饭店员工有非常大的不同，再加上饭店投资者、管理层及供应商等其他利益相关者的差异，消费和管理现象异常复杂。以服务质量低为例，直接的影响因素就可能包括员工的技能、态度、工具、流程和顾客的经验、偏好、消费目的等，价格、环境、氛围等调节和影响因素就更多。因此，同样是服务质量低，其原因可能有非常大的区别，要找到各种情况下都行之有效的对策，很不容易。更麻烦的是，即使按照对策仔细观察、认真学习，某家企业的优秀实践仍然很难学到。例如，青岛海景花园酒店的优质服务引得同行络绎不绝上门，有些公司甚至组团学习或偷师，不仅在酒店住下来，而且还找各个层级的员工和管理者求教，希望能够取到真经。殊不知，即使是海景花园自己输出管理的酒店，也很难复制总店的服务传奇。须知，每种管理实践都是特定环境和特定条件下的产物，要完整复制管理实践，除非将其环境也完整复制，但这是不可能的。在甚至不可能知道企业失败或成功的真正原因是什么的情况下（管理学中称之为因果模糊性），凭什么指望专家能够拿出对策呢？

可见，当我们面临的对象是企业这一既具有自身异质性又面临环境异质性的特殊客体的时候，要想总结出具有普遍性的成功规律和模式，几乎不可能。专家们能够做到的，充其量限于通过调查研究提出某些框架，帮助企业管理者找到困境的原因，然后指出各种解困原则的适用条件和情境（Contingency and Context）。治病或解困的关键角色，终究是管理者而非所谓的"专家"。解困的成效主要看管理干部能否沉下心来认真分析企业内外部环境的特点及这些特点与困境之间的因果关系，然后根据这些具体的分析制定出相应的措施。专家们开出的对策只能是参考，想偷懒采用"拿来主义"，不仅误事，还有可能坏事。

上面啰啰唆唆许多，隐含的一个假设是管理者由于认知方面的原因不知道如何做。其实，大部分企业管理者远比"专家"们聪明许多。上述道理大家都心知肚明。很多时候，之所以不能解困，不在于不"知"或不知道如何"行"，而在于"不能行"——各种错综复杂的关系和利益纠葛使得在其他企业行之有效的对策根本无法在本企业中应用。若没有来自股东和决策层的支持，管理者累死也没有用。另一个隐含的假设是每位管理者都是尽心尽责的职业经理人，但我们都知道这个假设很多时候不成立。如此说来，企业内部环境不变，即使以我为主，也不一定能解困。某些企业的宿命，在困境到来之前就已注定。这种情况下，真正的职业经理人也不必为此苦恼。中国饭店业已经进入了一个大变革的时代，一批想干事、能干事的职业经理人应抓住机会，迈出这一步。以我为主，先舍后得，走为上策。

买楼容易运作难：中国酒店企业国际化经营要过"五关"

谷慧敏

内容提要： 本次酒店收购过程中显现出的问题还是可以对快速发展的中国酒店企业国际化战略提供借鉴，那就是企业的成功国际化不仅是通过资本收购，更应该注意深入研究东道国的经济、政治、法律、文化及运营等环境因素，要能够闯过这五关。

近日万达集团与西班牙马德里市政府就马德里西班牙大厦的改建项目谈判陷入僵局。该项目由万达集团在2014年收购，之后就如何改建双方一直商讨，但是对改建的方案所持意见相去甚远。据新闻报道，万达集团认为，建造大厦时使用的建筑材料过于老旧，已经不能维持大楼的支撑，建议全部拆除，而马德里政府的回复是绝对不行，双方陷入拉锯战，这一结果对于中国企业和马德里政府都十分尴尬。笔者对谈判内幕不了解，依据外部信息可能也难以判断孰是孰非。然而，本次酒店收购过程中显现出的问题还是可以对快速发展的中国酒店企业国际化战略提供借鉴，那就是企业的成功国际化不仅是通过资本收购，更应该注意深入研究东道国的经济、政治、法律、文化及运营等环境因素，要能够闯过这五关。

一、经济关

西班牙大厦在几十年的历史中已经多次转手，2006年西班牙大银行BBVA买下后准备斥巨资改建，但是西班牙随即遭遇史无前例的经济危机，BBVA银行面临破产危险，不仅大厦的改建计划落空，买下的大厦还成了一个累赘。自王健林买下后，大厦即刻成为热门话题。马德里前任市长期待该项目带来超过千万欧元的投资及几千个直接和间接就业机会，然而在经济不振期间能否实现万达集团需要的市场需求及财务要求尚需深入研究。此外，西班牙工会的强大力量将给劳动力密集型的酒店业带来巨大劳动力成本压力,进而拖累财务回报的现象也应高度重视。

二、政治关

跨国经营中往往面临巨大政治风险,政党竞选国家尤其如此。王健林在买下大厦后恰逢马德里选举,新市长卡梅纳上任后对前任市长在万达项目上对王健林的承诺一概不予承认,导致今天王健林陷入进退维谷的窘境。对政治风险的关注是国际化经营中的重要方面,中国酒店企业在对外投资过程中应注意提升对投资目的地政治风险的敏感性,尤其要重视对非传统政治风险以及地方政府层面的政治风险的关注。罗博克(Stefan H. Robock)提出,国际投资和国际经营中的政治风险产生于由政治变化带来的经营环境出现了难以预料的不连续性。目前我国酒店业所进入的市场往往是政党政治,由于理政方针政策差异,可能给跨政府周期的项目带来巨大的不确定性,因此,酒店跨国经营中要对投资项目是否高度涉入政治进行仔细评估,从而最大限度降低投资风险;与此同时,酒店建筑的不可移动性导致其涉及土地、城市公共设施等众多复杂要素,除了大规模国有化和内战等传统政治风险外,更为常见和紧迫的是非传统政治风险,包括东道国政府、企业或民众因为与投资方在观念和认知上有分歧,进而产生对海外投资的排斥或限制。目前,一些国家和地区对中国企业国际化道路的推进和中国国际地位的迅速崛起表示忧虑,担心中国企业在扩大国际市场份额之外会进一步掠夺世界自然资源,传播政治制度与文化。因此,酒店业在跨国经营中做好民间外交,软化政治风险十分必要。

三、法律关

万达集团虽然已经完成购买马德里西班牙大厦的全部支付手续,大厦业主的名称尽管已经改为王健林,但这并不等于王健林完全拥有支配大厦的生杀大权,因为大厦是属于马德里政府历史保护遗产的建筑,买卖可以随意,改建则要经过政府的批准,而政府的决定在相当程度上要考虑市民意见。西班牙民众反对王健林的拆楼举措,主要碍于相关的法律规定。在国外尤其是欧洲国家,许多著名酒店往往是由遗产建筑改造而来,但其过程要经过严格的法律程序。在法国乡村,任何一座老建筑改造都要得到市民认可。在美国,新建酒店也需要通过市民认可。笔者曾亲历在美国中西部某城市的一家酒店建设论证会。该酒店由国外资本投资,计划由美国某著名酒店集团管理。投资方在建设之前,将详细的酒店建设计划对外公布，同时邀请未来酒店所在社区的居民参与论证会。在该会议上，长期居住在当地的居民会就酒店建筑过程中的噪声扰民、交通、就业机会、薪酬水平等进行详细提问，酒店开发商也一一做出解答。反观中国，在过去20多年大发展时期，通过大拆大建的造城运动，迅速改变了城市和乡村风貌，实现了现代化。然而，这种地产开发模式也带来众多问题，尤其是对历史文化遗产及传统村落的保护，由于缺乏法律的严格约束，一大批遗产已经荡然无存。目前中国酒店业又出现了民宿投资热，地方政府及外来资本乃至乡村居民正热切期待分享这一经济盛宴。在此，希望相关政府、企业方乃至居民能够切实具有长远战略眼光，切实制定和遵守相关法律，不能因为短期利益而损失宝贵遗产资源。

图1　西班牙大厦

四、文化关

企业文化融合在跨国并购中的重要性和挑战性不言而喻。在全球化的今天，尽管文化融合越来越多，但仍然存在价值观及生活方式的差异，文明冲突无所不在。杰克·韦尔奇说："企业资产重组可以一时提高公司的生产力，但若没有文化上的改变，就无法维持较高的生产力。"在中国，"新"是现代化的标志，各种新式建筑、新的模式层出不穷，政府及民众正享受着"新"所带来的各种福利。而在欧洲，民众对标志性建筑物拥有深厚的感情，一座历史悠久的酒店往往承载着市民的乡愁记忆与情感寄托；与此同时，居于赶超地位的中国以快为上，快速抢占市场先机、快速建设至关重要，中国速度成为中国模式的重要体现。在这种发展模式下，基于地产推动的中国酒店业也在30年间实现了全球规模的第一。当东方效率与欧洲传统相遇后，破旧与守护、经济与可持续发展矛盾必然产生，东西方企业理念、规则及惯例模式冲突不可避免。事实上，许多在欧洲投资的中国企业家和赴欧旅游者往往对欧洲政府、企业及民众在日常工作和生活中表现出来的"慢"作风很不适应。"一里不同俗，十里改规矩"，只有达成价值观和文化的认同才能做到真正的融合。中国酒店企业在"走出去"过程中必须高度重视文化敏感性的提升和国际化人才的培养，同时对并购酒店管理的内部文化与企业经营的外部文化环境进行深入研究，确保并购企业文化与目标公司的契合度、兼容性等，为后期文化整合奠定坚实的基础。

五、运营关

酒店运营是一项高度复杂的系统工程，涉及从供应商到服务流程及市场渠道的各个环节。不同于技术主导的工业企业，作为劳动密集型产业，酒店业更多关注人的因素。它体现在企业的领导风格、沟通模式、规章制度、管理要求、工作标准和工作流程等方面。我国酒店业的国际化不仅在于将中餐、品牌标识等打入国际市场，更重要的是要适应不同文化、制度体系背景下的各种挑战，而这也正是中国企业实现企业使命、战略、业务、管理、品牌"全方位国际化"的必经之路。相较于资本运营，这一过程更加复杂，对于致力于从本土企业成长为全球企业的中国酒店企业如万达、锦江、首旅、港中旅、海航、开元等而言，意义深远。

万达是中国企业国际化运营的先锋，在酒店国际投资、收购与品牌化方面正在快速发展。万达集团在本土的众多项目经历了与包括洲际、雅高、万豪、希尔顿等在内的各大国际酒店集团的合作，积累了较为丰富的国际化运营经验。同时，万达品牌国际价值也不断攀升。尽管万达在马德里大厦投资中遇到一定困难，但是中国企业"走出去"已是大势所趋，国际社会对此也需要转变观念。我们注意到，西方许多国家也正在改变对中国企业的态度，对中国的研究也更为深入。在今年一月举办的中欧旅游论坛上，据欧洲同行介绍，欧洲旅游业也在积极研究中国市场和文化，英国的高校甚至派出厨师团到中国大学学习以满足中国留学生饮食需求。我们有理由相信，中国企业在经历了不同文化、制度和市场环境的洗礼后会更加长袖善舞，中国企业乃至国人也会从"土豪"变身为充满人性光辉和负责任、有担当的形象。

庆丰包子：吃力未必讨好

李朋波

内容提要：产品或服务升级绝不是外在的"门脸活"和"面子活"，如果不是基于能带来顾客良好体验的"里子"，企业很难真正"有面儿"，那么这样的投入和改变都将是"吃力不讨好"的事！

春节将至，在这个中国人最重视的节日里，美食是一个永远绕不开的话题。对"吃"有着孜孜不倦追求的中国人，总是会用一桌丰盛美味的团圆饭来庆祝一家人的团聚和犒劳自己一年的辛苦付出。人们总是将美食作为一个地方的重要标签，也因此成就了著名的纪录片《舌尖上的中国》，触发了无数异乡游子的乡愁。提及北京的美食，庆丰包子铺称得上是知名和亲民的一家，更因为国家主席习近平在2013年冬天的一次偶然到访并就餐而名声大噪、闻名全国。笔者接待一些来京朋友时，也常被要求带他们去吃一次庆丰包子、体验一下"主席套餐"。而作为深受首都人民钟爱的美食，庆丰包子铺是很多人隔三岔五甚至每天都会去光顾的地方。

笔者居住的小区旁边恰好有一家庆丰包子铺，近几年笔者也常常去这家店用早餐，几年下来发现这家店的装修风格越来越高档，从最初的简单装修到现在"京韵京味"文化感十足的装修，让人们在用餐的同时也能感受到浓浓的京城文化。然而，与愈发高档的装修形成反差的是，笔者在这家店排队购餐和取餐耗费的时间越来越长，有几次因为早上时间紧张甚至在排到一半时放弃了购餐。怀着好奇的心情，笔者询问了身边在这家店有过就餐经历的家人和朋友，大家居然都有着相同的经历和感受。

店面装修越来越上档次，运营效率却越来越低，可谓"吃力不讨好"，那么问题究竟出在了哪里？笔者通过一天早上在这家店近两个小时的观察终于找到了问题的症结：装修升级改变了之前店面的空间格局，并带来了顾客购餐取餐时排队方式和服务员服务流程的改变，正是这些变化大大降低了这家店的运营效率。

让我们通过对这家店装修升级前后的排队方式和服务流程进行对比分析来说明这一症结。

一、装修升级前的空间格局、排队方式和服务流程

这家店以往的装修风格可谓简单，但那时的消费体验还是相当不错的。原因在于，对于包子、粥类等这类快餐而言，重要的是能够让顾客快速完成购餐和取餐程序，尽快开始享用或者打包带走食物，尤其是对于赶时间的上班族而言更是如此。一句话，不能让顾客等太久，而当时的店面格局及其带来的排队方式和服务流程很好地满足了顾客的这一要求。

在庆丰包子铺未进行装修升级前的店面格局下，顾客在店内的消费流程一般有以下几个环节：①进入店面，沿与店门相邻的一侧墙面直接走到点餐吧台，在此排队等待购餐；②点餐吧台有一位服务员，背后墙面有全部餐类的名称和价格，顾客待排队到点餐吧台时直接报需要的餐类和数量，服务员会重复一次顾客点餐内容并报总价，顾客交钱、服务员收钱找钱、顾客领取餐小票，购餐环节完成；③所有的取餐窗口一字排开，邻近购餐吧台，顾客直接顺次排到取餐队伍中去（而不必有更多其他走动），待排队到取餐窗口时将小票交给取餐窗口内的服务员，服务员备好餐后放到取餐窗口的平台上，顾客自行取餐；④顾客端着餐食托盘继续往前走，到一个配料台自行取筷子、勺子、辣子、醋等，完成后继续前行并找位置用餐。

以上描述的排队流程有两个基本特点：①顾客不走"回头路"，从进店、购餐、取餐、就餐、出店是一个闭环流线，除了需要加餐或其他需求外，基本不会再次去购餐吧台、取餐窗口和配料台，这样最大限度地避免了顾客队列的交叉，即便是顾客人数多得排到了店外，队列仍是一条线而不会混乱；②顾客自助服务的环节多，交购餐小票、提出配餐要求、领取餐食、取餐具和配料等都需要顾客自己去完成。这种店面格局和服务流程在许多快餐店都可以见到，笔者印象中最深刻的是兰州牛肉面，由于兰州当地有相当大比例的市民有早上吃牛肉面的习惯（相关统计数据显示，全市每天要售出大约 100 万碗牛肉面，而兰州市的总人口约为 401 万），因此类似于以上的排队流程并不会让每天早上"垂涎美食"又急着去上班的人们等得太久。

二、装修升级后的空间格局、排队方式和服务流程

这家店装修升级后，店面形象得到了较大提升，尤其是购餐和取餐窗口的设

计更是充满了中国传统文化的装饰元素（据笔者观察，庆丰包子铺在北京连锁的很多店都是如此），但这家店的消费体验却差了许多。从图1可以看出，在装修升级后的店面格局中，点餐和取餐窗口距离很近且被合并为一个窗口，服务面大约被压缩至了3~4米，其背后大约1.5~2米才是备餐窗口，与厨房直接连接（见图1）。

在这种装修格局下，顾客购餐和取餐的流程发生了一些变化：①顾客进店后直行到购餐吧台，通过吧台上方的图片了解餐食种类及价格，告知第一位服务员A点餐内容、交钱，服务员A确定点餐内容、收钱、找钱，将点餐小票交给旁边第二位服务员B，将另一张相同的小票交给顾客（变化点1）；②顾客点餐后领取一张点餐小票，横向移步到旁边的取餐队列等待取餐，但经常需要转身走到取餐队列的最后面排队（变化点2）；③旁边的服务员B接到点餐小票后转身走1步交给备餐窗口厨房内的第三位服务员C（变化点3）；④厨房内备餐的服务员按照小票内容进行备餐，将备好餐的托盘交给第二位服务员B，服务员B接到托盘后转身走1步将其放到取餐台上供顾客领取（变化点4）。

图1　装修升级后的购餐和取餐情景（笔者拍摄）

以上流程看起来也没什么不对，环节还算紧凑，而且顾客也不再需要与厨房内备餐的服务员进行直接交流，自助服务的环节也减少了，但笔者多次在这家店就餐时，明显感觉等候时间长了至少1倍，而且在进行观察的近两个小时里看到很多有意思的"乱子"。①点餐队列紧贴着取餐队列，点餐和取餐吧台距离面前的餐桌仅有2米左右的距离，队列无法排得太长，顾客们常常挤成一团，在就餐人数少时两列队伍略显混乱，在就餐高峰时段就显得极为混乱。②点餐服务员A

的速度往往远高于服务员 B，常常一次将多张点餐小票一起传递给服务员 B，服务员 B 又得向服务员 C 传递小票，又得帮顾客取餐和递餐，忙得"不亦乐乎"，还常常将小票次序搞错，更不用说将小票和顾客对上号。③在厨房备餐的服务员 C 常常需要向服务员 B 甚至是服务员 A 核实点餐内容和具体要求（比如打包还是在店内就餐），也经常出错，时不时地将放到餐盘上的餐品重新打包，或者将打包好的餐品取出来重新摆到餐盘上。笔者在几次就餐中，几乎每次都听到三位（甚至更多）服务员之间的大声抱怨，非常"不和谐"！④顾客队列中也不轻松，一种情况是顾客发现领的餐不对，需要重新走到本已非常拥挤的窗口与服务员交涉；另一种情况是常有顾客取错餐，包子在外表上看起来都差不多，数量相同的餐常常被拿错。笔者在观察的过程中，就发生了三起顾客取错餐的情况：一位顾客坐下来就餐时才发现点的是素包子，吃到的却是肉包子；一位顾客发现吃到的种类和自己点的完全不同；更有趣的是一位顾客将另一位顾客打包的包子直接带走了，当对的顾客来取餐时，服务员告知已经被他前面的顾客领走了，并让他自己到店外去追，着实好笑！

这种店面格局和服务流程带来的结果是什么？三个字：一是"慢"，对吃包子这件"小事"，这样的流程略显复杂了，服务员们冗余的动作太多，同时信息传递的次数太多，产生错误的机会也太多，来来回回，反反复复，顾客不觉得慢才怪；二是"乱"，顾客队列拥挤混乱、服务员之间的信息传递乱、服务员与顾客间的信息传递乱，有这么多的"乱"，不出错才怪，真是让人感慨"吃个包子也不省心"；三是"费"，与之前的店面格局和服务流程相比，现在需要多配备一名服务员、多打印一张点餐小票、临近购餐窗口的那张桌子几乎无人使用，而且也浪费了服务员的体力和精力，人力成本势必会增加，更重要的是，这种状况也耗费了顾客更多的时间和精力，按照鲁迅先生的名言，"浪费别人的时间等于谋财害命"，如果这家店内部效率降低的问题是庆丰的普遍情况，那就将在更大范围内降低顾客的外部效率！

笔者的一位家人反驳说：麦当劳、肯德基等快餐店都是这样的流程，也没见出什么乱子。请注意，这些"洋快餐"店会同时配置多条并行的服务流线，并根据顾客数量多少进行灵活有效的调节。大凡学过运营管理的人都知道，麦当劳和肯德基可不是随便设置顾客队列数的，而是科学计算出来的（就是令很多学生头疼的"排队问题"），而算起来这家庆丰包子铺的就餐人数丝毫不会比这些"洋快餐"少，但其服务窗口仅仅算是一个、顾客队列仅仅算是一列，怎么能不慢、不乱呢？

三、结论与启示：以顾客为本，莫做"吃力不讨好"的事

说起来以上讲述的这个案例算不得什么大事，但一方面百姓身边本来也没什么所谓的"大事"，另一方面"魔鬼总是藏在细节里"，这家庆丰包子铺目前的这种情况势必会影响其在顾客心目中的形象，装修得再好也不会赢得顾客更多的好感，因为它让顾客等得太久了（而且还不一定能拿到对的餐），顾客哪里还有心思去欣赏高上大的店面装修，想必长此以往企业的经营业绩也会因此受损。

说的远一点，以上讲述的案例背后体现着更多的内容。其一，说明这家餐饮企业还远未做到以顾客为本，顾客到这样的快餐店消费关注更多的是速度和便捷性（当然，还有更重要的食品卫生），有大把时间享受美食的顾客大概不太会光顾快餐店。而这家企业在装修升级的同时却大大降低了顾客的消费体验，这说明店面的形象是企业的首要考虑，却并没有将顾客的需求和感受放到首要位置。其二，说明这家餐饮企业还严重缺乏科学管理的意识和方法，店面的布置格局、服务窗口的数量、顾客队列的数量、服务的流程等很有可能是企业管理者自己想象出来的，而没有进行周全的设计、反复的实验。这种"拍脑袋"做决策的情况在企业中恐怕并不是少数现象。

在企业管理实践中，有一个管理者们公认的逻辑，大致的表达是"从产品设计出发来降低成本、优化流程、提高效率"，其实这句话之前还暗含着一条前提或假设，那就是产品设计应该也只能从客户一端出发，使得产品和服务流程真正符合顾客的需求、真正符合顾客的心理、真正符合顾客的行为。在服务业中，诸如餐饮店、酒店等通常会在 5 年左右进行一次室内装修改造升级，那么本文带来的一个启发是，装修升级绝不是外在的"门脸活"和"面子活"，如果不是基于能带来顾客良好体验的"里子"，企业很难真正"有面儿"，那么想必这样的投入和改变都将是"吃力不讨好"的事！

被"做坏"的酒店业与需要"补课"的酒店人

秦 宇

内容提要: 目前行业中面临的诸多困难,是酒店业从超常规、非常态发展阶段回归行业本质的过程中遭遇到多重外界因素冲击的叠加效应所致。尽管目前有各种各样的困难和冲击,但我们始终坚信,酒店人与各方新力量的结合,是中国酒店业和更大范围内的住宿业走向成熟的必由之路。在这个过程中,与其抱怨酒店业被"外人""做坏"了,不如踏踏实实坐下来补补课。

本文所指酒店业,是指依托客房等设施,为顾客提供以住宿为主的服务的行业。酒店人,是指运营和管理酒店的人员。这个行业,曾经是中国改革开放的排头兵,产生过我国最早的一批外资企业、最早的一批服务业国家标准,为国民经济建设做出过巨大贡献;这批人员,曾经是社会上薪酬最高、工作环境最好、最洋气的一批就业者,精英云集,才俊辈出。

进入21世纪以来,这个行业和这群人头上笼罩已久的光环被一圈圈褪去。雪上加霜的是,各种不可预计的因素叠加在一起,不断冲击着已经看似十分脆弱的酒店业和酒店人。在各种公开或不公开的场合,我们常常听到如下的说法:

"我们这个行业,被地产商做坏了"——本来这个市场不能做高星级饭店,但是开发商为了做项目,往里面装一个大饭店,再配上个响亮的外资品牌,不仅周围的房产增值不少,而且地价还便宜了。表面上看投资两三亿元的酒店项目每年营收一两千万元是亏了,其实钱早挣回来了。管理公司也没有亏,有了业绩还有了管理费。但是市场被做坏了。

"我们这个行业,被OTA做坏了"——市场环境这么差,一年到头做了3000万元营收,交给OTA的就有500万元,辛辛苦苦挣来的钱都让它们给赚走了。

"我们这个行业,被商务连锁酒店做坏了"——你看看,这能叫酒店吗?这样的酒店也能每间400多元?我也去住过几次××品牌的酒店,炒这么火,我们行内人一看,毛病太多,让人没法住。

"我们这个行业,被'一刀切'的政策害苦了"……

"我们这个行业,被高工资拖累了"……

"我们这个行业,被过快扩张的市场害了"……

还有很多,我不再列举。

有几年时间,我们在调研中常听到的话还有,"想当初……""那会儿……"然而,我们对甜蜜过往的留恋和建立在新旧对比之上的抱怨,可以改变现状吗?恐怕不能!看来我们需要认真思考目前酒店业和酒店人遇到的诸多困难的深层次成因,也需要对自身做一些反思。

酒店业真是被"外人"做坏了吗?难道我们的酒店业和酒店人都是"瓷器",这些"外人"都是闯入瓷器店的"野蛮人"吗?乍一看,似乎确实如此:我们是多么受伤受苦啊!转过头一想,难道我们真是"祥林嫂"不成?其实拿发达国家的酒店市场做个对比就一目了然了,在那些竞争更激烈、消费者更挑剔、监管更严格的市场中,似乎也没有看到过如此多的叫苦之声。相反,我们看到的是专业化分工、差异化成长的大小企业们在持续进化,某些企业还成功地闯进其他国家的市场。

我们承认,某些时候某些"外人"的进入确实给酒店业带来了不公平的负面影响。但是,换个角度思考,很多冲击我们的"外人"实际上也是酒店业的构成部分,未来冲击我们的"外人"可能还会更多,更难以预测。酒店业不断竞争、演化的过程,也是众多"外人"不断融入业内的过程。在这个过程中,"外人"带来的竞争会促使在位企业不断蜕变,整个行业的竞争力也不断增强。因此,当我们对"外人"的侵入充满抱怨的时候,我们需要想想我们自身是否太脆弱了。

由于历史原因(说来话长,此处暂按下不表),改革开放以来,我国酒店业的客源市场和运营模式长期处于"飞地"状态,与正常的市场化状态严重背离。曾经有一段时间,酒店业高高在上,与国内大众的住宿消费无关;曾经有一段时间,酒店业不必担心经营,只需要把管理维持好,就可以活得有声有色;曾经有一段时间,酒店业不必担心招聘问题,只需要发个信息,想找工作的人就能排一操场。因为这些"曾经",很长一段时间里,我们把"非常态"当作常态了,而且奢想这种"非常态"会一直持续。在这样的幻境中,发育不全的市场环境带来了扭曲的经营管理惯例,并不断通过利益格局固化及自我加强,制约了酒店企业和酒店人学习积累酒店业竞争所需的核心技术。从而，当竞争加剧，大潮涨起来的时候，我们才发现，过去虽然一直泡在水里，但是我们确实还没有掌握游泳的基本功。例如，我们中的很多人，还不知道如何找到目标顾客、如何根据目标顾客的需求设计硬件和软件、如何与时俱进地拓展销售渠道。某次去参观国内某著名品牌旗下新推出的一个样板店，问目标顾客是谁，答曰"25岁到40岁的商务和休闲游客"，到了客房一看，与唯一能写字的桌子配套的竟然是一个没有靠背的凳子，而且桌子上方的点光源照到了桌子的边缘而非中间；在某次到国内某著名品牌管理的一家五星级酒店企业授课的过程中，笔者曾经问该店的餐饮总监，煮粥一碗米应该加几碗水？得到的是"不太确定，大约3碗吧"的回答。国内大牌企业的基本功夫尚且没有做好，更何况那些单体酒店了。

由此看来，从行业根本要素开始，补课，尤其是补与运营基本功有关的课，是我们无法逾越的一环。这个过程中，我们需要积极地向那些行业内的优秀企业学习。例如，面对同样的渠道环境，为什么有些饭店能够成功地降低营销成本？都说综合体中的酒店不好做，为什么有些饭店能够如鱼得水？在员工流失率居高不下的年代，为什么有的饭店能够让员工留下来？我们还需要向让我们受苦的"压迫者"学习，仔细去分析研究那些让我们"做不下去"的因素背后的规律和趋势。例如，我们需要放下身段，向那些我们看不起的财大气粗的地产老板们学习，学习研究酒店在综合体中如何发挥价值？我们需要收回不屑的眼光，向那些扩张迅速的新兴连锁公司学习，学习研究它们如何能够在短期内就赢得顾客的目光及欢心。我们需要向"剥削"我们的OTA学习，学习研究如何能够跟上下一波技术的浪潮，而不是一直扒着车帮被人拖着跑却上不了车。事实上，我们酒店人在营销、人力资源、新产品与新服务开发、运营等各个方面的基本功及集成了这些基本功的系统知识及应用方面还非常欠缺，都需要补课。在我们看来，需要补课的，除了酒店人之外，还包括过去十几年来涌入酒店业中的各类"外人"——包括地产商、投资者、连锁快捷酒店、加盟商，也包括监管部门和教育部门等。酒店生态圈中各类行为人普遍"缺课"带来的欠债问题，我们将在他文中梳理，此处不再赘述。

总之，我们认为，目前行业中面临的诸多困难，是酒店业从超常规、非常态发展（丑小鸭在特定时段看起来跟白天鹅一样）回归行业本质（就是一个"柴火妞"，不是什么"白富美"，是普通得不能再普通的生活服务业）的过程中遭遇到多重外界因素冲击的叠加效应所致。尽管目前有各种各样的困难和冲击，我们始终坚信，酒店人与各方新力量（当然也包括前面提到的各种"外人"）的结合，是中国酒店业和更大范围内的住宿业走向成熟的必由之路。我们相信，不管资本市场和信息技术如何发达，酒店产品仍然需要顾客亲临、人员提供相应服务后才能完成整个消费过程的最后闭环。没有酒店人和专业化的酒店运营与管理，消费之前的一切商业模式都只是喧嚣之上的浮云。酒店是一个集大成的系统，由众多的子系统构成，而能够把众多子系统集成到一起的，唯有酒店人。像徐锦祉先生这样懂营建、懂开业、懂运营管理的职业酒店人，不是太多了，而是太少了！酒店人任重道远，当自强不息！

"金猴奋起千钧棒，玉宇澄清万里埃"，孙猴子受到称赞的，不是其强力，而是其清醒和决断。看来我们需要少"抱怨"，多"补课"。

高端酒店：坚守传统，还是识时而动？

李朋波

内容提要： 两个事件虽小，但"见微知著"，通过它们还是能够洞察到高端酒店传统服务观念遇到的一些新问题，即传统服务观念与现实情况之间的矛盾。面对着这样的矛盾，加之种种现实环境，高端酒店需要在"坚守传统"以保持身价和"识时而动"以赢得顾客之间做出选择或者找到一种平衡，或者是跳出这种权衡困境另辟新径，获得或创造新的发展机会。

作为一名加入饭店行业时间不长的学者，我总是以一种学习的态度向酒店企业学习，自从参观调研了几家五星级酒店后，更是为它们高水准的服务质量和服务细节所折服。自此，每当我走进高大宽敞、几净窗明、环境幽雅的酒店大堂，总能被一种"高端、大气、上档次"的氛围所影响，感觉自己也高端优雅了不少，也曾在心里暗暗提示自己要时刻注意个人言行，以免破坏了这些美好的氛围。

但遗憾的是，即便是时刻提醒自己，我还是有过一些不小心破坏氛围的时候。比如，去年10月底在福州参加一个行业会议，在会议所在的某高端酒店，我就因为两次"行为不雅"问题被大厅服务人员制止。非常有趣的是，服务人员在制止我（们）的"不雅行为"时，给出的理由非常充足、强硬和简洁，那就是"按规定，我们酒店不允许在这儿做这些事"。

一、事件1：按规定，我们酒店不允许在大堂吃东西

时间：会议第一天早上 8:30
地点：福州某 SJJY 大酒店一层大堂
人物：笔者、笔者同事、四名硕士生、一名大厅服务人员（男）
事件经过：我和同事带四名硕士生赶赴会场，由于市内交通拥堵，到达酒店时距离会议开幕仅剩30分钟。由于在路上耽搁时间较长，我们没顾上用早餐，

加之上午会议时间较长,学生们购买了一些早餐(为了不至于影响酒店形象,我们特意嘱咐学生买一些方便食用的面包)。我们在大厅找到一处休息的地方,围坐在一起安静地用早餐。

刚吃几口,一名服务人员走过来说:"不好意思,按照规定,我们酒店不允许在这儿吃东西,请你们把面包收起来,不要再吃了。"

同事问:"还有这样的规定?"

服务人员答:"对,是的,我们有这样的规定。"

同事问:"那可以把你们的规定拿出来看看么?或者请大堂经理过来?"

服务人员答:"不好意思,我们没有明文的规定,但确实规定不能在这儿吃东西。"

同事问:"那我们现在就有在这儿用早餐的需要,你们怎么解决?"

服务人员比较为难地想了一会,回答:"这个……你们几位请跟我到商务间吧,在那里用餐比较好。"

二、事件2:按规定,我们酒店不允许在大堂睡觉

时间:会议第一天下午3:30

地点:福州某SJJY大酒店一层大堂

人物:笔者、一名大厅服务人员(女)

事件:笔者在会议期间来了一个重要电话,从会场出来坐到大堂休息处接电话。由于已经听了近五个小时的会,加上中午没有休息,笔者感到非常疲惫,非常希望能够小憩几分钟,因此接完电话后就靠在沙发上闭目养神,合眼没多久,耳边响起了与上午类似的言语。

服务人员:"先生,对不起,您不可以在这里睡觉。"

笔者睁开眼睛:"不好意思,听了几个钟头的会议太累了,在这儿休息一会儿。"

服务人员:"先生,按照规定,我们酒店不允许客人在这里睡觉。"

笔者:"呵呵,好的,早上我们已经见识了你们这儿的规定,我很好奇这是谁制定的规定,你们一直都有这样的规定么?那客人就是累了困了在这儿睡着了,怎么办?"

服务人员:"先生,是的,我们酒店一直有这样的规定,非常抱歉,您不能在这儿睡觉。"

笔者:"好吧。"

三、深度思考

以上两个事件虽小,但"见微知著",通过它们还是能够洞察到高端酒店传统服务观念遇到的一些新问题,即传统服务观念与现实情况之间的矛盾。细分来看,这种矛盾折射出以下三个层面的矛盾。

1. 根源层面:高端酒店作为功能性空间与作为社会性空间之间的不平衡

从笔者所拥有的建筑学背景知识来看,酒店作为一个建筑空间实际上具有双重属性,即功能性空间属性和社会性空间属性。酒店的功能性空间属性决定了它必须能够满足顾客在舒适方面的要求,用行话说就是要让顾客有"如归"之感;酒店的社会性属性决定了它还是顾客在此进行社会交往活动的场所,要为这种活动营造出良好的空间环境和文化氛围。从这种划分来看,高端酒店大厅赋予自身的社会性属性要远高于功能性属性,正因如此高端酒店展示出的是高品质的生活方式、社会交往和文化体验。为了维持和维护这种高端的社会性功能空间,对诸如在大厅里吃东西、睡觉等行为举止予以制止,也就不足为奇,类似于在音乐厅或话剧院里不能说话。

但问题是酒店再怎么高端,它毕竟不是音乐厅或话剧院,它还有让顾客感到舒适自在的功能性属性,当顾客希望能在大厅吃东西或者睡觉时,用所谓的"规定"简单地解决问题,似乎是过于强势和强硬了。因此给我们带来的思考就是,如何在保证高端酒店现有社会性功能定位的同时,也充分体现其功能性的一面,让顾客即使在大厅里也能感到舒服自在?

2. 事实层面:高端酒店的顾客群体假设与现实的顾客群体之间的不一致

高端酒店之所以对顾客有诸如"不能在这儿吃东西""不能在这儿睡觉"的规定,其本质原因在于其发端和发展过程中已经对服务对象有了一个特定的前提假设,即它们的顾客是那些个人素养足够高、自制能力足够强、行为举止足够恰当的人。为了避免少数不符合该假设的顾客影响到大多数符合该假设的顾客,酒店就必须通过一些规定来限制一些不恰当的顾客进入酒店并限制一些不恰当的行为举止,类似于一种"让高端的人在高端俱乐部开展社会互动"的逻辑。

但事实上,现实的顾客群体却并非"完美",且不说国内高端酒店拥有多少"土豪级"的"伪高端"顾客,单单是随着顾客群体年龄结构的变化就使得这种"不完美"更加凸显。随着"80后""90后"新生代的不断崛起,他们逐渐成为(并必将最终成为)高端酒店的主要顾客群体,追求自由、舒适、藐视权威的个性是这个群体的显著特征。当这帮"上帝群体"入住高端酒店时,拿传统服务理念的"规定"来限制他们的一些行为举止,显然很难让他们感到满意。

3. 发展层面:坚守传统服务观念和"识时而动"赢得顾客之间的权衡困境

其实行业人士都清楚,这些年来高端酒店的日子并不好过,甚至称得上是很糟糕。这种状况一方面来自外部经济形势和政策环境的影响,另一方面则来自中端酒店(尤其是中端层次中的精品酒店)的冲击。仅看后一种影响,一些中端酒店之所以在市面上大受欢迎,主要得益于其更便宜的价格、不亚于高星级酒店的产品品质、舒服自在的居住体验、各具特色的文化格调等,这些很好地迎合了年轻顾客群体的需要。

相比于传统理念和管理逻辑,酒店作为一个商业机构,市场的逻辑能够起到更强有力的作用。高端酒店通过坚守传统来"保持身价",可能意味着会失去更多的顾客群体,尤其是在当前不景气的行业环境中,失去的数量可能会更多,失去的速度可能会更快;突破传统的服务理念去迎合顾客的需要,似乎是"自降身段"与中端和精品酒店为伍,尽管可能会赢得一部分顾客,却可能要失去宝贵的传统。在种种现实面前,高端酒店需要在两者之间做出选择或者找到一种平衡,或者是跳出这种权衡困境另辟新径,获得或创造新的发展机会。

四、观点交锋

本文的目的不在于要得出一个肯定的结论或提出一个鲜明的观点,而是在于提出高端酒店传统服务观念遇到的现实问题,并以此引发大家的思考和讨论。在笔者讲述自己的经历并提出高端酒店应该"坚守传统"还是"识时而动"的问题后,也收到了各种来自酒店管理实践者和研究者的观点,观点交锋可谓激烈,总的来看,这些观点形成了"1:1:1"(坚守传统:识时而动:兼顾二者)的格局。

秉持高端酒店应当坚守传统观点的人士认为:高端酒店之所以高端,主要就在于其坚守了一些重要的传统,一旦失去了这些传统,高端酒店也就算不得高端了;高端的顾客并不是指有经济能力住得起高端酒店的人,而是有较高个人修养、文化品位和自制能力的人,不符合条件的人自然应当排除在外;高端酒店必须转变发展思路,但前提是要保持传统不变……

坚持高端酒店应当"识时而动"观点的人士认为:时代变了,去住高端酒店让人感觉很不自在,还是去住精品酒店舒服;顾客群体现在趋于年轻化了,高端酒店很多传统的规定并不适用,如果坚守传统的一些规定,会让酒店失去很多顾客;现在高端酒店在价格上实际上已经是中端酒店了,其顾客群体与现在的中端酒店一样,没有必要再去坚守那些僵化的传统;不管高端酒店是否愿意改变传统,市场会让它们做出最终的选择……

当然,还有一小部分"中庸"者则倾向于兼顾传统并适应新的形势,提出了一些高端酒店管理和发展的新思路:可以在酒店大厅划分多个空间,满足不同人群的需要,并避免他们之间的相互干扰;高端酒店通过保持现有产品来保持传统和品牌形象,通过开发新的产品来满足青年顾客群体的需要(例如,万豪在伦敦新开一家针对年轻人的W酒店);现有的高端酒店一部分将通过降低定位成为中端酒店,另一部分则需要升级成为针对高端顾客的真正的高端酒店,把不同层次的顾客群体区分开来……

讨论了这么多之后,我们也很想问问大家:"元芳,你怎么看?"

最后,用两句话作为本文的结语:无论秉持"坚守传统"的观点,还是坚持"识时而动"的观点,抑或是怀着"兼顾二者、另辟新径"的想法,只是价值观和分析逻辑有别,而无对错之分;无论持何种观点或进行何种判断,高端酒店在未来的演变和发展情况将成为最准确、最真实的答案,让我们拭目以待!

越进化越难以生存？

秦 宇

内容提要："同属于动物学分类中的熊科，大熊猫和熊的命运却截然不同。熊是机会主义者，适应性强，能因应环境的大起大落，有一套可以在许多种不同环境中求生和发展的生存策略。大熊猫则是专业者，它选择安全，扬弃未知的可能。但这么做的同时，它也丧失了所有探索、观察、尝试新事物的需求；它把生命局限在极小的范围里。"我们认为，客观地看，熊和熊猫都是进化过程中的赢家，但在这个环境遭受剧烈破坏的时代，适应能力强的物种生存的机会比较大。同样，我们目前的经营环境也正被越来越多的技术进步、制度革新和需求变动重构，适应力强的企业才会具有更大的生存机会。因此，当我们在既有路径上不断高奏凯歌的时候，应该有意识地创造条件，使组织在产品、运营和管理上拥有一定程度的灵活与多样化，避免在进化的路径上一条道走到黑，最后落入失败的陷阱。

大自然生生不息，自然界中的生物总是按照与自身环境相适应的独特规律去生存、进化。这些生物虽然不能言语，但是在人类细致的研究下，它们的生长经验给我们带来了很多引人深思的启迪。大熊猫是中国的国宝，性情温顺，长相憨态可掬。数百万年前，大熊猫就已经生存在地球上。很多与大熊猫同一时代的哺乳类动物如剑齿象、剑齿虎、猛犸等都已经灭绝，大熊猫却繁衍下来，主要的原因是大熊猫在长期的进化中发展出特别的器官及生理系统，成了特定生态区域中的最适者。然而，在 20 世纪，大熊猫却陷入了生存危机。因为一度濒临灭绝，大熊猫还被世界自然基金会（WWF）作为会标，广泛用于宣传保护濒危物种的工作中。

从最适者变化为被拯救者，其中的道理是什么？能够带给我们什么启示呢？美国生物学家乔治·夏勒（George B.Schaller）在其《最后的熊猫》一书中对大熊猫赖以生存的野外生活环境以及其生理特征和生活习性做了详细描述。阅读该书，我们发现与大熊猫有关的很多进化现象对我们管理企业有重要的借鉴意义。

一、熊猫的生存

野生大熊猫唯一的食物是竹子。竹子分布广泛，不需要采食者大范围地移动寻找食品；竹子是长年生植物，四季皆有，供应无缺，不至于因为季节性的变化影响大熊猫的生存。在历史的长河中，大自然的进化使得大熊猫完全变为一种天然的"食竹机器"。大熊猫的手掌中长有一根强劲有力的加长腕骨（有点像第六根手指），类似于人类的大拇指，但并不是其真正的拇指，使其能够轻松处理很细的箭竹竹笋或竹茎；它的食指及"类拇指"的肉垫上有不长毛的凹槽，可以很方便地钳住细小滑溜的竹茎；大熊猫拥有典型肉食动物的齿列，并调整到适合压碎与研磨坚硬的食物，臼齿与部分小白齿又宽又平坦；它的头颅超乎寻常的宽阔，头盖骨上有一块凸起的骨头，支撑有力的下颚肌肉，使之能够咬嚼坚硬的竹类。在上述特别的器官的作用下，大熊猫处理竹类食品的效率堪称惊人。一头雄性大熊猫每天要处理2200根竹茎和1400根竹茎上的竹叶，吃掉大约14公斤重的竹子。除此之外，大熊猫的一系列行为特征都伴随着竹子为主食的进化过程发生了与之相适应的同方向进化。例如，由于竹子的营养价值很低（能够被大熊猫吸收的竹成分仅为竹子重量的17%，而吃青草的鹿的食物利用率是80%，狮子之类的肉食动物是90%），再加上消化系统的低效率，大熊猫每天必须花费13个小时不停地吃东西，所吃食物接近体重的40%，才能维持其基本的新陈代谢（与之形成鲜明对比的是一头狮子一次捕猎后所吃食物只占到体重的1/6，之后四五天内可以不用进食，从而可以有更多时间做抚育幼子等活动）；由于不可能通过吃竹子积累脂肪，大熊猫无法像熊一样冬眠，即使天寒地冻，还是要四处觅食；大熊猫行动范围有限，而且很少做有爆发性的激烈的动作，也很少与其他同类接触，因为这些都会耗费精力；为了节省体力，大熊猫进食的时候效率极高，缓慢移动，只动用特定的爪子和牙齿，丝毫不浪费半个动作。此外，大熊猫的体格肥大，令其有力气来攀折并吃到足够量的竹茎，并避免了一般肉食动物对它的伤害。人们喜爱大熊猫胖乎乎的体态、慢吞吞的动作和懒洋洋的性格，却不知这一切都和熊猫以竹为食的特点联系起来了。

在四川卧龙，与大熊猫处于同一保护区中的熊的食谱和熊猫大不相同，人们发现作为杂食动物的熊所吃食物的种类要比大熊猫多得多，而且这些食物的平均营养比竹子多两到三倍。有科学家指出，"大熊猫是进化上的大成功，但成为食竹专家,也减少了它其他方面的抉择"。专业化的进化使得大熊猫只能依赖于竹子这一种食物,无法改变。在20世纪70年代,四川一些地区的竹子大面积开花死亡,大熊猫的食物来源严重短缺;而对于在竹子开花的季节里森林中生长的许多其他营养丰富的食物,大熊猫却往往视而不见、不动分毫;再加上人类开发行为对大熊猫栖息环境的破坏,最终,大熊猫大量死亡,整个种群陷入濒临灭亡的危机中。

二、"大熊猫"式的企业

在人类的经济生活中,同样存在着众多的"超级进化者"。这些"大熊猫"式的企业在发展中逐渐形成了某种非凡的能力,使它们在竞争的某个阶段里所向披靡,无往不胜;然而,由于过分依赖于这种专业化的核心能力,当市场环境发生变化而企业又没有及时应对的时候,往往会陷入竞争力下降的困境中,并造成增长乏力、市场领先地位被取代等后果,严重的情况下甚至会走向破产。美国Coors啤酒厂的故事就是一个很好的例证。这是一家建立于1873年的老企业,20世纪70年代初在美国是第四位的啤酒生产企业,在西部各州的市场占有率极高。遵循创始人"质量第一,酿造最适宜饮用的啤酒"的宗旨,Coors酒厂的一切经营生产能力都朝着保持高品质口味的目的进化。为了让每一瓶啤酒都有相同的口味,公司只生产一种啤酒,而且只在一个工厂中生产,这家位于科罗拉多州丹佛市附近的工厂也因此成为当时全球最大的啤酒厂;为了提高啤酒的口感,该公司没有用其他公司采用的低温灭菌法来储藏啤酒,而是采用了一种创新的方法;为了确保最佳的质量,所有的啤酒在接近零度时被装罐,并装入有冷藏设施的冰柜保存,整个运输、销售过程都是在冷藏的环境下进行;为了进一步保证品质,公司还规定所有的经销商必须在出厂60天之后下架未售出的啤酒;在Coors公司,酿酒所需的原料之一蛇麻子都使用了质量最好的德国进口品;公司为了提高原料的质量,专门雇用了植物学家培育改良制啤酒麦芽的大麦品种。Coors追求质量的做法获得了回报。许多消费者,包括众多名流纷纷表达了对Coors啤酒的喜爱,认为这种啤酒的口味无可匹敌。当时美国总统福特甚至在出国时都不忘把Coors啤酒搬上"空军一号"。在很好的知名度和强大的品牌号召力下,公司产品大受欢迎,酒厂每一年接待的参观者人数高达30万人。

进入20世纪70年代以后,美国人的生活方式和消费观念发生了重要的转变。人们越来越追求健康,传统啤酒中的高热量和高酒精度让消费者感到对身体不利;与此同时,消费者希望口味更加多样化,不再盯住某个牌子不放。一些啤酒企业开始抓住这一变化，纷纷推出热量和酒精度都更低的淡味啤酒，并在市场中同时推出不同品牌的产品。70年代初还在美国酒厂中排名第八的Miller酿酒公司推出的淡味啤酒大受欢迎。依靠淡味啤酒，Miller酿酒公司销售额连年大幅度增长，在1978年成为全美第二大的酿酒厂，把Coors远远甩在后面。

面对淡味啤酒大行其道的局面，Coors公司的领导者还是坚持高质量第一，认为自己的啤酒会有永久的吸引力；公司更没有去积极了解消费者需求的变化，仍固守单一产品的高质量策略，最终导致销量和利润大减，股票价格也下降了一半。公司老板Bill Coors最后承认，"仅仅满足于生产我们所能生产的最好啤酒已经不够了。"作为应对市场变化的举措，1978年Coors公司终于推出了自己的淡味啤酒品牌——银子弹，但机会已经失去。虽然目前仍然位列美国最大的酿酒公司之一，但是Coors再也没有能够追赶上Miller公司。

三、变化的制度、技术与需求

市场环境总是在变化，而且变化的速度远远超出企业的预料。其中制度、需求与技术的变化对企业的经营影响最大。例如，制度的变化会对生产者的数量和行为、顾客的结构和行为产生重大影响，并最终影响产业的绩效及消费者的福利；人类对物质生活无止境的追求和代际之间消费偏好及行为的差异又会使得需求在持续升级的同时不断地差异化；而当企业生产所需要的技术发生重大变化的时候，常常会出现某种曾被大大倚重的能力不再重要的情况。

例如，20世纪70年代末期，美国对原来处于严格管制中的航空行业进行了放松管制的改革，对企业进入、产品线路设计及票价制订等事关竞争的重要事项不再干预。制度变化的后果是一大批新的航空运输企业进入了这一市场中，极大改善了产业中原有的效率低下和质量差的局面，对产业中原有的竞争者形成了很大的冲击，泛美航空公司、大陆航空公司、西方航空公司等纷纷破产，而西南航空公司等一批成立历史不长的航空公司却借航线开放的机会迅速发展起来。

宝丽来公司由于忽视技术变化而破产的教训也值得我们引以为鉴。宝丽来是世界上最领先的即时成像相机生产者，胶片产量曾经占世界第二位，仅次于柯达公司。在最鼎盛的时期，宝丽来公司在全世界130多个国家设有子公司和工厂，每年售出一千多万部拍立得相机。20世纪90年代初，全球主要的胶片生产企业如富士、柯达等纷纷投入大量资金研发数字摄影产品，宝丽来的高层却仍将即时成像看作公司不可动摇的核心业务，未能当机立断致力于数码相机的开发，造成了日后公司的倒闭。此外，从 90 年代初期开始，富士、柯达等胶片企业还纷纷进入了胶片冲印市场，推出"一小时冲印"的服务，对宝丽来引以为豪的即时成像技术产生了非常大的冲击。2001 年，在经过多年的亏损后，曾经被评为"华尔街最具有潜力 50 家公司"的宝丽来走向破产，其股价从 1996 年最高峰的接近 60 美元跌到了停牌时的 28 美分。

再有，消费者的需求永远都处于不断的变化中。随着时代的进步和人们消费观念的转变，消费者需求会更加多元化，若供给者不做出持续性的创新与变革，很难满足消费者的需要。从饭店业最近几年的一些发展来看，消费者需求的升级和多样化已经对企业的经营活动产生了很大的影响。但是，很多企业的应对显得不够。究其原因，可能有意识不足的因素，但更可能的原因是主要的管理干部过于坚持产业中与消费者服务有关的一些习惯做法和行业标准，在做战略决策的时候拒绝了新的变化可能。我们认为，很多习惯做法和标准在饭店产业发展的某一阶段确实发挥了重要的作用，但是，当在新的时期这些实践的适用性发生了较大变化的时候，必须要调整进化（变化）的方向。

洲际饭店公司是一个根据环境变化不断创新，改变自己进化路径的好例子。在制度方面，洲际饭店公司的前身假日饭店公司在创立时就根据美国战后的政治和经济环境，大胆开创了大规模的特许经营模式，为特许经营的购买者提供除土地外几乎所有其他饭店开业所必需的服务，成为首家运营规模达到 10 万间客房的饭店企业。进入 21 世纪后，为了应对在日益复杂的全球环境下持有物业带来的系列问题，洲际饭店公司果断剥离了将近 200 家酒店的产权，成了一家几乎没有酒店物业的酒店企业。考虑到新世代的消费者对"祖母级"的假日饭店的疏离，洲际酒店集团从 2007 年起，花费 10 亿美元，对全球范围内的假日品牌家族酒店进行了包括品牌标识在内的重新设计，放弃了其创始人从 1952 年开始就一直使用的老标识。新的假日家族酒店，不管是从 LOGO 看，还是从客房设计及抵店体验看，都更具有现代感，更能满足年轻顾客的需要。

夏勒指出，"同属于动物学分类中的熊科，大熊猫和熊的命运却截然不同。熊是机会主义者，适应性强，能因应环境的大起大落，有一套可以在许多种不同环境中求生和发展的生存策略。大熊猫则是专业者，它选择安全，扬弃未知的可能。但这么做的同时，它也丧失了所有探索、观察、尝试新事物的需求；它把生命局限在极小的范围里。"我们认为，客观地看，熊和大熊猫都是进化过程中的赢家，但在这个环境遭受剧烈破坏的时代，适应能力强的物种生存的机会比较大。同样，我们目前的经营环境也正被越来越多的技术进步、制度革新和需求变动重构，适应力强的企业才会具有更大的生存机会。因此，当我们在既有路径上不断高奏凯歌的时候，应该有意识地创造条件，使组织在产品、运营和管理上拥有一定程度的灵活与多样化，避免在进化的路径上一条道走到黑，最后落入失败的陷阱。

中情局如何"搞破坏"的启示

秦 宇

内容提要： 美国管理学家卡尔·魏克使用了组织的动词形式 Organizing 来表示组织形成的过程。魏克也讨论了当外部环境发生重大变化的时候，由于组织成员失去了意义建构（Sense-making）能力而致组织崩溃的缘由。美国中央情报局用于战争年代搞商业破坏的一部小册子表明，即使没有外部环境的重大变化，组织内部的很多做法——我们甚至很难意识到这些做法的危害——也能日积月累地给组织造成损失。我们需要思考，我们自己本人是否就是那个潜伏的破坏者？

第二次世界大战期间，同盟国和轴心国的交战不仅发生在刀枪相见的前方战场，也发生在大后方，发生在日常生活中。

1944 年，美国政府的策略事务办公室（Office of Strategic Services，中央情报局的前身）编制了专门用于破坏轴心国社会和经济运行的指南——《简明商业破坏工作手册》（Simple Sabotage Field Manual）。本来这是一个机密的文件，供情报人员使用，但是策略事务办公室主任 William J. Donovan 发现了其中的价值，建议将其密级取消，通过印制和广播等形式，向当时被纳粹占领国家的公民广为传播。

在这本手册中，策略事务办公室为被占领国的普通人提供了许多破坏措施的指导，让这些普通人可以通过采取破坏行动，损害商业组织的秩序和劳动生产率，动摇政府统治的基础。这些行动措施中包括一些"硬"的破坏——比如纵火、堵塞厕所下水道、破坏门锁等，也包括一些"软"的破坏——主要是通过违反组织运行的规律破坏组织和管理的效率。中央情报局在其官网中指出，"尽管手册中的有些指导措施已经过时了，但是其他措施却仍然有用，令人惊奇。"

浏览该手册，我们发现"过时"可能主要是指"硬破坏"不再适用于和平时期，"仍然有用"的主要是那些依托组织原理——更准确地说是依托反组织（Deorganizing）原理——发展的措施。这些反组织措施之所以能够被策略事务办公室挑出来并加以大规模推广，原因在于其确实抓住了组织过程中的软肋。这些措施主要包括两个层面：组织和个人层面。

一、组织和会议层面

（1）坚持一切事务都要按照"程序"来办，永不允许采取某种捷径加快决策速度。

（2）不断"发话"。尽可能多发表意见，最好是长篇累牍的、没有实质意义的意见。在说明你的"观点"的时候，多用冗长的趣闻轶事和个人体验。

（3）只要有可能，将一切事务都推给各种委员会，由委员会做"进一步的研究和考虑"。想办法把委员会的规模变得尽可能大——永远不要少于五人、繁文缛节尽可能多。

（4）当有很紧急的工作要完成的时候，就用召开会议的办法来拖缓工作的进度。

（5）在讨论过程中尽可能多地提出不相干的话题。

（6）就沟通过程中的小措辞争论不休。

（7）将话题带回到上一次会议已经解决的事情上，试图重开话题，对已经解决的事情再做讨论。

（8）在企业中鼓吹"谨慎"，强调决策要有理有据。

（9）担忧任何决策的适宜性，并不断提出问题。

二、经理、主管和员工层面

（1）在分配工作任务的时候，总是先把不重要的工作分配出去，而把重要的工作留给低效率、工作条件差的工人。

（2）对于相对不重要的工作，也要求完美；把只存在不重要缺陷的工作也打回去重做；故意批准有缺陷的产品出厂。

（3）培训新员工的时候，不提供完善的指导，或干脆误导员工。

（4）为了降低士气和生产，要善待那些低效率的工人，给他们本不该得到的提升。不要善待工作出色的工人，相反要有意地、不公正地抱怨他们的工作。

（5）增加审核的程序，使得工作臃肿不堪。

（6）员工故意放慢工作节奏。想一些办法增加完成你的工作所需要的步骤或行动。例如，本来该用一把重锤的时候，改用一把轻一些的锤子；本来该用一个小号扳手的时候，改用一个大号的扳手；本来应该对工具进行打磨保持锋利，但是有意使之钝化。

（7）老员工从不把自己的技能和经验传给新员工或低技能的员工。

美国管理学家卡尔·魏克（Carl Weick）使用了组织的动词形式Organizing来表示组织形成的过程。魏克也讨论了当外部环境发生重大变化的时候，由于组织成员失去了意义建构（Sense-making）能力而致组织崩溃的缘由。他专门写了一篇文章——*The Collapse of Sensemaking in Organizations: The Mann Gulch Disaster*，描述了专业灭火队遭遇突发情况，造成惨重损失的过程及其深层次因素。

策略事务办公室编制的这部三十多页的小手册表明，即使没有外部环境的重大变化，组织内部的很多做法——我们甚至很难意识到这些做法的危害——也能日积月累地给组织造成损失。从前面分析的两个层面的措施看，要想破坏有效，主要的努力对象不是基层的员工，而是掌握权力的管理者。这也给我们的很多管理者敲响了警钟：我们自己本人是否就是那个潜伏的破坏者？

2015年，美国两家咨询公司的三位合伙人根据这份文件写了一本书：*Simple Sabotage：A Modern Field Manual for Detecting and Rooting out Everyday Behaviors that Undermine Your Workplace*，提醒企业不要让高管和员工在无意中成为组织效率的破坏者。

如何让你的企业有执行力？

秦 宇

内容提要：在目前环境变化剧烈、企业需要不断创新的年代，我们看到很多企业表现得并不好。究其原因，可能存在某些企业的管理者不知道如何做的因素，但我们认为更有可能的原因在于很多企业在目标和策略都已经明确的情况下缺乏执行力。本文分析了影响执行力的因素，提出一个具有普遍操作性的解决思路，即从下述三个方面塑造企业内部"有计划"的工作作风：第一，制订计划必须精细；第二，计划执行必须完全到位；第三，处理奖罚必须严格。

都说日本人的执行力惊人，在日常生活中笔者也发现，确实如此。我们在与一个日本朋友相处时经历的两件小事就将日本人的执行力体现得淋漓尽致。一次是澳大利亚人、印度人、中国人、哈萨克斯坦人在一起玩一种扑克牌游戏，游戏规则比较复杂，需要根据每个人手中五张牌的组合情况判断输赢。除了澳大利亚人之外，大家都是新手，而组合情况有八九种，一下不容易记住，大家都互相询问，因此游戏进程缓慢。日本人在弄清楚规则之后，拿出几张小纸片，迅速地将八九种组合情况画在了纸片上，一目了然，大家不清楚的时候拿出来一看就知道了。游戏进程大大加快。另一次，还是这几个人一起去打沙滩排球，租了球网后发现场地的界线已经模糊不清了，众人正在商量如何处理之际，日本人以脚为工具，沿着界线在沙中犁出一个长方形的球场，比赛立刻就开始了。回到企业管理中，我禁不住想，若中国员工都能如此，我们还有什么目标实现不了呢？

另一个小故事是：中国留学生到日本餐馆打工，被要求每天晚上清洁桌子时必须用不同的抹布和清洁剂清理，一共六遍。每天擦桌子六遍的要求，日本人会不折不扣地执行，每天都会坚持擦六遍；可是如果中国留学生去做，那么他在第一天可能擦六遍，第二天可能还擦六遍，但到了第三天，可能就会擦五遍、四遍、三遍；到后来，就不了了之，可能只擦一两遍。因为从表面上看，擦六遍和擦三遍没有什么差异。擦了六遍的桌子和擦了三遍的桌子真没有差异吗？一开始的时候不会有差异，但是擦了两三年之后就有差别了，擦三遍的桌子上可以看出一些明显的茶渍和油渍，已经很难清除；而擦六遍的桌子还是洁净如新。这个小故事被不同的人以不同的版本讲过，其目的和意义也不尽相同。我们在这里要探讨的是与执行力有关的话题。之所以中国人和日本人（也许还可以加上德国人）在把管理者的要求落实为想要的结果（也就是执行）的时候存在大的差异，本质上是文化方面的差异。此外还包括了经济发展水平、制度等大环境方面的差异。这方面的小插曲是：一个德国人看了中国工人建设的工程说，"看看中国工人干的活，就不该给他们吃饭；但看看中国工人吃的饭，就不应该让他们干活"。

问题在于，文化、发展水平、制度环境等都是外部因素，是企业很难改变并必须要接受的；那么，在这种条件下，如何根据企业面临的环境以及人和事的特点，拿出相应的管理办法和措施并提高执行力呢？对不同产业中不同特征的企业来说，答案当然不会是唯一的。在这里，我们只强调其中的一个具有普遍操作性的解决思路，即塑造企业内部"有计划"的工作作风。

我们是一个重视制订计划的民族，所谓"预则立，不预则废"早在老祖宗处就不断被强调了。但是，我们又是一个不重视计划执行的民族。一则我们对所谓"预案"的要求并不精细，很多时候只要求有就可以。至于执行起来效果如何，并不是我们所看重的；二则我们对执行的过程并不看重，对于"怎么做""做多少"这样一些关键问题，很多人的态度都是"差不多"就行了；三则我们对计划执行结果的处理不够严格，因为"凡事总有例外"，而且具体执行者与管理者总是"抬头不见低头见"，没有必要伤了和气。上述三点，使得我们的很多企业纵使有计划，也发挥不了应有的作用。究竟如何让一个计划从书面的东西变成一个可以执行的东西呢？我们有下述三个针对性的建议。

第一，制订计划必须精细。

计划必须精细，在计划中要详细罗列出什么时候做、什么时候完成、谁来做、怎样才算做好、如何做、做好做坏的奖惩等内容。事实上，若一名员工能够详细地把计划做出来，事情也已经做完了一大半，因为你需要做的只是按部就班就可以了。若没有精细的计划，工作不可能有序，忙中出错难以避免，执行的过程也会多次反复，效率自然低下。而且，制订精细计划本身也有利于培养员工严谨务实的工作作风，同样有利于执行力的提高。

第二，计划执行必须完全到位。

在前面提到的擦桌子的故事中我们实际上已经说明了计划执行不到位带来的

后果。我们的民族性格中的一个主要特征是不喜欢走极端,任何事情的执行过程中若要求百分之百地符合原计划,往往被认为是不可能实现的。曾仕强先生举过一个很有说服力的例子:一个预算方案在执行过程中若严格得到实施,最后预算与决算相等,在国外不会引发什么议论,大家觉得本应如此;但是,若在中国二者相符的话,反而会引发众多的猜疑。因此,在强调计划执行必须完全到位的时候,最需要改变的是企业领导和员工的心态。

第三,处理奖罚必须严格。

韦尔奇把执行力的关键理解为"企业奖惩制度的严格实施",若没有严格执行的奖惩制度,无法有效对员工的过失进行纠正并引导员工按照正确的方式工作,我们制订出来的计划最终也会落得执行不下去的命运。在执行力最强的组织——军队中,任何指令和计划之所以都会得到很好的执行,严格的奖罚制度起到了重要的作用。也许会有人说,若严格进行奖罚有时有些不近人情,管理上没有人情味,但是,我们必须认识到,管理上的人情味绝不能够影响我们对过失的处罚。当一个值得同情的员工犯了错误之后,可以在处罚之后再对他进行帮助,切不可因为其特殊的、值得同情的原因而不予以处罚。

上述观点挂一漏万,当然也不可能让企业的执行力得到立竿见影的提升。但是,若我们能够从企业执行力不强的内部原因着手进行分析,提出有针对性的解决方案并持之以恒地进行改进,我们相信各级员工会逐渐形成良好的工作习惯,最终推动企业整体执行力的提升。

"鲍莫尔病"与酒店业效率改进的方向

秦 宇

内容提要： 近年来，饭店业中的成本压力很大，一些机构提出了消化压力的思路和解决方案，业内谈论较多的有"减员增效"和"机器人服务员"。我们认为，这些措施似乎不能被看作提高劳动生产率的主要方向。要找准可能的方向，需要我们透彻分析相关理论，再结合中国饭店产业发展的历史和现状，因时因地地搜寻和尝试，而一味跟风或炒作概念，难以从根本上解决问题。本文在对人力服务业劳动生产率难以提高进行理论分析的基础上，提出了几个努力的方向。

一、"鲍莫尔病"的概念

1966年，美国经济学家威廉·鲍莫尔提出了"成本病"（The Cost Disease）的概念。成本病的大致意思是说，在大部分人力服务业中（Personal Service），与制造业等行业一样，包括人力在内的生产成本会不断上升；但是，与其他行业不一样的是，人力服务业中节省劳动力使用的技术进步很微小甚至不存在。因此，长期来看，包括教育、医疗、个人护理及与之类似的服务业的成本会不断上升，而制造业产品的成本——由于技术进步——相对来说会持续下降。举一个最简单的例子，30年前，一个熟练的厨师炒一盘宫保鸡丁可能需要5分钟；30年后，这个时间很可能还是5分钟。但是，这段时间内人力成本有了非常大的增长，因此宫保鸡丁的价格上升了不少。

自从提出以来，这个理论较好地解释了发达国家个人服务业费用不断攀升的原因。这种"成本病"也因此广为人知并被称作"鲍莫尔病"。

酒店业是人力服务业中的典型行业。在酒店业中，服务人员用自己的体力、智力和情感付出，在不借助较多机器帮助的情况下，满足住店客人的种种需求。与酒店业类似的服务行业还有餐馆、个人护理（包括美容美发、按摩等）等。对于这些行业，搞清楚"鲍莫尔病"的症结，对于我们探索未来通过经营管理创新改善效率具有重要的意义。需要指出的是，"鲍莫尔病"中经常被讨论的教育、医疗、艺术表演等行业与我们将要讨论的这些行业有很大不同，我们暂且将它们放在一边。

二、人力服务业劳动生产率难以提高的症结

对成本病的研究表明，在这些产业中劳动生产率之所以无法提高，主要是基于下述三个方面的原因。

第一，难以自动化。

由于要照料顾客的身体和情绪，人力服务行业中的大部分工作难以自动化。虽然人工智能和机器人产业的发展一日千里，但是距离能够胜任酒店业工作的机器人得到发展和运用可能还需要较长的时间。由于此类人力服务具有属性复杂、互动程度高、需求维度多的特点，自动化和机器人难以灵活应对。现在行业中炒作较火的诸如自动送物机器人、自动接待机器人，只能完成酒店业服务中"低交互、高重复、重体力、简单性"的任务，对整个产业劳动生产率提高并无实质意义。

与之相反，在非人力服务业例如仓储、金融、通信等领域，因为不需要照料顾客的身体和情绪，大量的工作已经通过自动化极大提高了效率。

第二，消费者难以接受。

人力服务业中劳动生产率难以提高，还有一个主要的原因，这就是消费者的接受问题。从某种意义上讲，主要的人力服务业（包括餐饮、住宿、看护）都是家庭职能社会化和市场化的结果。尽管"家庭职能"可以外部化并享受到规模化生产的某些好处，但是其效率提高仍然是有底限的。例如，如果餐厅减少每个班次服务员的数量，或者客房服务员减少在每间客房清扫的时间，劳动生产率就可以提高。但是，可能每桌客人等待服务的时间会增加，可能顾客会发现某些地方没有清扫干净，满意度会降低。再者，如果酒店中遇到的服务人员都是机器人，一时的新鲜感过去之后，消费者的接受度究竟如何，恐怕还得打一个大大的问号。

第三，员工无法接受。

如果服务难以实现自动化并需要人力付出完成，那么效率提高的底限就在于服务人员的体力和意志力到底有多大。我们固然可以让一个员工从每天扫8间房提高到10间，再提高到12间，但这已经到了极限。再多做的话，会导致工作结果变差和员工健康受损。更关键的是，新世代劳动者的生活观和工作观正在发生巨大的变化。以增加收入为诱饵来争取员工多干，是不可能长期持续的。现在

业内有一些企业在没有对服务流程进行大的调整的情况下，提出所谓的"减员增效"，美其名曰"三个人干四个人的活拿五个人的钱（实际上拿不到）"，就属于此类。短期尚可，长期如此员工很有可能无法接受。

三、有可能改进效率的努力方向

提高酒店企业的劳动生产率，责任不在一线员工和督导人员。这些基层人员有时可能有所松懈，我们是可以让他们干活再麻利些、走路再快一些，但终究有生理和心理的极限。我们同样也不能将希望寄托在诸如酒店机器人这样的跟风炒作上，我们更不能希望通过降低质量换取产量提升。我们认为，改进效率需要"肉食者谋之"，是饭店中高层管理者的责任。我们此处提出一些建议。需要指出的是，这些建议并不适用于所有类型的酒店。例如，第一条就不适合高档酒店。读者需要辨别应用。

1. 鼓励顾客更多地自我服务

如同我们在快餐厅中自己取餐、取餐巾纸、取各种调料并在用餐结束后自己收拾脏盘子一样，未来的酒店业中，顾客也可以被鼓励更多地直接参与到服务过程中来，自己为自己服务。例如，住时间长的顾客可以自己更换床单、毛巾、自己刷马桶（只需要配备一个马桶刷即可）、自己取用洗浴的易耗品。再如，需要发票的顾客可以在大堂里自助打印，就如同在银行里一样。在信息技术支持下，顾客也可以提前自助完成选择房间、支付等过程，避免入住登记时的等待。且不说有一部分客人本来就不希望过度人工接触而希望自助服务；对于那些喜欢面对面服务的顾客而言，只要加以适当的经济激励，此类自助服务并不难实现。

2. 在保证质量的前提下简化流程和标准

过于复杂的流程和标准既束缚了服务人员的手脚，也给顾客带来了不便。酒店行业中有一些惯例和做法，曾经对整个行业质量水平的提高起到了重要的作用。但是时过境迁，目前的产业环境已经发生了非常大的变化，有些实践做法需要进行调整。这方面的例子很多，比较典型的是西式铺床法和退房查房。目前很多酒店已经在这两个方面简化了服务流程，取得了较好的效果。包括内部流程在内，我们可以继续简化的地方还有很多，需要管理者开动脑筋想办法，评估各种可能的改进方案并进行尝试。

3. 设计更好的、更少需要人工介入的产品和服务形式

一些不成功的设计会带来后期很高的人力成本。不成功的设计大致可以分为两种情况，一种是硬件设计不合理，另一种是软件设计不合理。前者主要体现在

酒店设施设备的不当配备。例如，笔者曾经住过的一个四星级酒店房间中的木质屏风做成了网格状的，非常容易落灰，给清扫工作带来很大麻烦。再如，某饭店的床垫下留有空隙，客人放在床头桌上的小物件一不小心掉入的话不易找到，又得打电话又得请服务员帮忙找，甚至怀疑是否丢了，带来诸多麻烦。后者主要体现在一些服务项目设计的不合理。例如某酒店集团的某个促销计划需要客人扫前台的条形码、回答问题，中奖后在前台兑换礼物，兑换时需要前台服务员登记顾客的相关信息，这也带来了诸多的麻烦。这些问题，都大大妨碍了正常服务工作的连续性。只要不出这些问题，保持专注，服务效率就可以有较大的提升。

4. 利用技术进步帮助效率提高

我们在前面指出，我们反对酒店服务机器人等概念炒作，但是我们并不否认技术进步可以带来酒店业中服务效率的极大提高。相反，我们认为这是从整体上提高效率的重要途径之一。20世纪80年代，有些国内酒店在控制房况的时候，都在前台内设置一块标有每个楼层每个房间的大板子，每个房间上有一个钉子，上面可以挂不同颜色的牌子，以注明该房间是走客房、住客房还是可卖房间。每次入住、离店，都要手工操作，因此效率较低。PMS的普遍应用，使得这方面的工作效率有了极大的提高。此类辅助性软件和工具的更多应用，将有助于与信息处理有关的工作的高效开展。在这一方面，移动互联网及以其为平台的各种智能化运用，有可能使一部分酒店更精确地组织生产能力，使其与顾客需求有更好的匹配并提高每个员工的劳动生产率。

就业和国民生产总值向服务业的转移，是经济学家长期以来在发达国家和发展中国家都观察到的现象。长期来看，包括银行、证券、会计等在内的商业服务业（Business Service）容易受到技术进步影响而带来劳动生产率的进步，但包括健康、教育、餐饮、住宿在内的个人服务业却不那么容易。近年来，住宿业中的成本压力很大，一些机构提出了消化压力的思路，业内谈论较多的有"减员增效"和"机器人服务员"。我们认为，这些措施似乎不能被看作提高劳动生产率的主要方向。要找准可能的方向，需要我们透彻分析相关的理论，再结合中国饭店产业发展的历史和现状，因时因地地搜寻和尝试，而一味跟风或炒作概念，难以从根本上解决问题。

酒店业的竞争力源泉来自"运营"而非"战略"

秦 宇

内容提要：酒店市场中对"模式""颠覆""创新""资本"等"战略设计"的炒作，掩盖了"服务""管理""执行"等与日常运营有关的观察和总结，而我们认为后者更有可能带来长期的竞争优势。本文分析了管理学知识中轻视"运营"的原因，并结合酒店业特点分析了为什么酒店业中的"运营效率"比"战略设计"更为重要。

长期以来，西方管理领域中的著作大多注重"战略设计"方面的内容，而不是"运营执行"方面的内容。实际上，从波特的《竞争战略》《竞争优势》到哈默和普拉哈拉德的《竞争大未来》，再到金和莫博涅的《蓝海战略》以及克里斯滕森的《创新者的窘境》等，这些在企业界中引发重大反响的管理学著作的重点均在于"战略"而非"运营"。为什么会有这样的偏向呢，我们认为有以下两个方面的原因。

第一，学者们对于竞争优势来源的认识有一定偏差。

对于到底什么能够带来竞争优势的问题，战略管理研究方面的很多学者认为答案在于"战略设计"。通过树立远大的愿景、选择合适的定位、配给恰当的资源，企业就会自然而然地获得竞争优势。这种认识在波特的《什么是战略》及彼得斯的《基业长青》中体现得尤其充分。例如，波特就特别指出，"运营效率不是战略"。波特之所以做这样的结论，是因为他相信运营效率是可以模仿的。问题是，在现实的经济生活中，运营效率恰恰比创新性的战略更难以模仿。台积电董事长张忠谋曾经感叹过他在美国得州仪器公司做高管时碰到的一个难题。在对外发展过程中，德仪在日本建设了一家芯片生产工厂。这家工厂的生产效率总是比美国本土工厂的效率高，德仪管理层觉得比较奇怪，派人进行了比较。首先发现一些设备不一样,日本工厂的设备要新一些,于是把美国本土工厂的设备进行了更新,但之后发现还是日本工厂效率高;其次公司管理层把两家工厂的生产程序进行了统一,结果日本工厂的效率还是高;最后感觉是管理风格的问题,有人出了主意,把四五十名日本工厂的管理人员派到美国工厂做管理,结果还是无法做到日本工厂的高效率。最后德州仪器放弃了将日本工厂高效率复制到美国工厂的努力。可以看出,即使是在同一家公司的内部,运营效率的复制有时也是难度极大的,更何况竞争对手之间。

第二,"知"与"行"间的差距。

之所以会出现重"战略设计"、轻"运营执行"的认识,与诸多管理学者缺少实践经历有关。与医学院、工程学院、教育学院等一些与商学院类似的、以"职业+学术"为双重培养目标的学院不同,商学院中的教师往往没有管理企业的经验。相反,医学院、工程学院、教育学院等机构中的教师往往也是很好的医生、工程师和老师。因此,来自这些机构的教师在考虑战略问题时不会遗漏实践执行过程中的重要细节。由于经历限制,出身商学院的管理大师们不可能重视"执行"的问题,而只能选择更具有抽象性、自己也更为擅长的"战略设计"方面的问题。实际上这也就是"知"与"行"间的差距。随着人类知识获取渠道极度丰富,"知"已经不再困难。在每一个行业中,先进的战略设计、运营流程和商业模式等知识体系都不再难以获得,在这些基础上总结、归纳、提炼出一些"战略精要"对于战略管理学者们来说也更加容易。但是,知易行难,若不身临其境,一个企业如何在运营环节具体地做事、成功地执行战略很难被总结出来。很多时候,即使身临其境,若没有高超的观察、推理和综合的能力,恐怕也难以总结出执行方面的好经验。

在最近几年的饭店市场中,我们听到较多的也是"模式""颠覆""创新""资本"等与战略有关的词汇,而"服务""管理""执行"等与运营有关的观察和总结,似乎被喧嚣的战略讨论掩盖了。

我们认为,在消费者需求变化剧烈、技术进步迅速的工业制造业领域中,战略能力,尤其是动态变化的战略能力,对于企业竞争优势有重要的意义。格鲁夫在听克里斯滕森讲了10分钟后,决定在英特尔推出赛扬处理器并彻底将AMD这个隐患清除,就是战略制胜的经典例子。在酒店业中,消费者的口味变化持续但缓慢、生产技术有突变期但更多时候处于渐变期,在这两个核心因素的决定作用下,酒店业中并没有多少此类"毕其功于一役"的战略发挥的空间。而且,由于下面一些行业特点,酒店业中的"运营效率"更为重要。

第一，酒店业中的战略容易被复制，运营效率则难以复制。

道理很简单，战略都是看得到的——例如推出了某个新品牌、采用了某项新技术。相反，运营效率是看不到的，即使看到了，要把效率高的原因清楚说出来——如同前面我们举的例子中所看到的——也不是一件容易的事情。事实上，仅从运营效率更难复制这一点来看，"运营执行"就更有可能成为竞争优势的源泉，在某些时候甚至是最重要的源泉。

第二，酒店业的分散布局加剧了运营管理的难度。

制造业中的生产相对集中，消费都是零散的，英特尔在全世界的芯片生产工厂只有七个（美国四个，中国、爱尔兰、以色列各一个），便满足了全世界对处理器的需求。酒店业的消费也是零散的，但是生产无法集中——由此使得本来可以在一个工厂得到统一贯彻的各种标准必须要在地点不同、环境各异的酒店中去贯彻，加大了运营管理的难度。但是一旦成功，会大大降低顾客面临的不确定性，提高服务一致性，带来竞争优势。

第三，酒店业本质上是一个"运营驱动"的产业。

酒店业中，顾客需求的满足主要是靠日复一日的运营执行来实现的，这是酒店业赖以生存的基础。相反，在某些营销驱动和技术驱动的公司中——前者如软饮料和化妆品，后者如计算机软件，广告宣传和技术研发是企业赖以生存的基础。在"运营驱动"型产业中，竞争力高低与运营效率高低关系更大。

第四，运营效率带来的优势难以被抵消。

服务业中，一旦形成了系统性的运营效率，这种运营效率带来的优势——例如低成本、稳定性、执行力——就很难被其他竞争手段抵消。为什么沃尔玛和西南航空公司数十年来鲜有对手，一个根本的原因是这两家公司通过将运营效率不断逼近极限，对成本进行了很好的控制，竞争对手们尽管使出浑身解数，也难以撼动它们的地位。

基于上述分析，我们认为，酒店业的竞争优势更有可能来自"运营执行"而非"战略设计"，也正是如此，我们应该少用脑袋，多用手脚。从某种意义上来说，酒店业中并不需要太多的聪明人，而需要更多脚踏实地的实干者。

工匠精神下的我国旅游创业创新几种新模式

李 彬 秦 宇

内容提要： 旅游创业企业中有那么一批拥有这种"工匠精神"的企业，不断在产品、技术、创意、服务、资源等方面精益求精，为顾客持续带来价值，当然也逐渐得到资本方的青睐。2014—2016年，我们持续跟踪和调研了这些企业，一些企业我们甚至多次调研或对创始人进行多次访谈。这里介绍其中一些企业的经验和模式。

记得2013年年底时，旅游创业领域在资本的驱动下无比热闹。一个细节性的场面是，在我们和中国旅游创业家协会共同举办"第一届创业高峰论坛"时，板块"风险投资与旅游创业那些事儿"即使放到了最后一个板块依然受到当时旅游企业的热捧，现场气氛热烈，以至于当板块论坛结束后，资本方嘉宾仍然受到创业者们的围堵，场面壮观。

然而随着大环境的变化，旅游创业领域也在悄然发生变化：一方面，资本方更加理性、务实，对旅游创业的投资已经交了很多"学费"，旅游创业者再用"平台""大数据"一类概念忽悠，恐怕已经没有效果了。另一方面，经过几年的大浪淘沙，一批旅游创业企业探索出了能够活下来，甚至活得更好的模式，这些企业一直"闷头"坚持做着最初被一些企业、资本方认为是"脏活累活苦活"而不愿意去做的事。这种执着坚持、细细打磨的精神现在被称为"工匠精神"。

事实上，旅游创业企业中有那么一批拥有这种"工匠精神"的企业，不断在产品、技术、创意、服务、资源等方面精益求精，为顾客持续带来价值，当然也逐渐得到资本方的青睐。2014—2016年，我们持续跟踪和调研了这些企业，一些企业我们甚至多次调研或对创始人多次访谈。这里介绍其中一些企业的经验和模式。当然这些介绍只代表过去，而不代表未来。

一、技术创新驱动模式

在旅游创业领域,"技术 VS 人"的关系带来了创业模式的差异,即使这种差异逐渐在减小。偏重于"技术决定论"思维的企业相信,通过"鸟枪换炮"的技术,势必会给游客带来颠覆性的体验,例如妙计旅行的模式就更多偏向于依靠纯人工智能、大数据等"高大上"技术智能化解决游客定制化出游问题,是一家"纯纯"的技术公司。

然而大多数旅游创业企业则偏向于通过"技术+人"的方式来解决定制游问题:一方面通过技术解决标准化、规模化的"效率"问题,另一方面通过"旅游达人"解决游客个性化、临时性的需求以及人文关怀和情感注入的问题,即"效果"(满意度)问题。

例如世界邦,尽管低调,但自成立以来努力把两件事做好(见图1):一是通过技术研发打磨自己的技术支撑系统。为了解决顾客在定制游过程中的"痛点"以及由此带来的后台服务的"痛点"而不断进行技术研发,如设计出全球自动计价系统、达人与游客聊天工具、达人与顾问的抢单系统、匹配行程的个性化地图、用户比价功能、签证办理系统、智能行程引擎、全球订单分发/收回系统、SaaS 系统等。这些技术很好地解决了定制化旅游中在定制设计的"效率"方面的痛点。世界邦通过几百人的豪华技术研发团队自主研发这些技术创新成果。联合创始人赵新宇认为技术解决了"个性化产品规模化和规模化产品的标准化"问题,例如推出的 10 万条超级自由行产品就是依靠强大技术支撑来完成的。二是通过达人解决规模化中的个性化问题。拥有丰富旅行经验的达人们是世界邦的重要资产,达人在游客定制初步线路后起到的辅助与"点睛"作用,在游客旅途中解决各种临时性问题起到的"雪中送炭"作用,是赵新宇所认为的、未来实现"终极人文关怀"的基础。当然,世界邦也用一些技术手段来辅助这一过程,如自主研发达人的抢单工具来设定达人间的关系,自主研发聊天工具来解决达人与旅游者间的沟通问题。

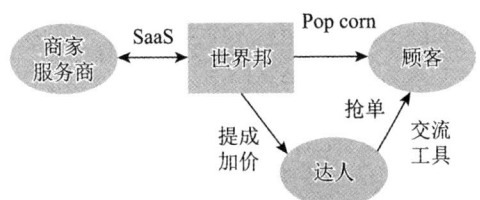

图1 技术支撑系统创新示意图

另一个例子是 6 人游旅行网。互联网出身的创始人贾建强运用"反互联网思维",将企业定位为旅游服务商,而不是技术公司,旅游服务才是核心。然而,由于它定位为给小微团队提供定制服务,既不是自由行服务,也不是传统旅行社的拼团服务,因此成本和效率问题是最大的问题。于是 6 人游通过对技术的大胆运用,打造了一个现代化的服务体系,如订单分发系统、报价系统、行程方案制作系统、财务系统、潜在用户营销系统等,大大提高了流程的标准化程度和旅游服务的效率,是传统旅游企业转型升级的一个参考样本。

二、线路设计创新驱动模式

城市微旅行,是传统的城市"一日游"的颠覆版,正在从一些定位在"文青"的小众消费者群体中蔓延开来。

例如北京的九十度,创始人高弘认为,旅游产品不应该成为一种标准化产品,而应该成为激发旅游者心智的体验品,把旅游产品打造成独一无二的艺术品。在城市微旅行的开发过程中,九十度注重深度挖掘目的地的文脉和地脉,将淹没在现代化大潮中的历史人物、事件和场景挖掘出来,让旅游者体验到文化的魅力,如其打造的文化主题游产品"复兴博物学,醉在玉渡山""夜骑龙脉"等经典产品屡获好评。

又如,创办已 10 年的旅游公司稻草人,希望通过使游客在探索、体验、交流、分享中面对真实的自我,获得人生积极的力量,这其实是旅行的终极意义。如其设计的一系列原创城市微旅行产品,如"寻访张爱玲""遇见静安""行走苏州河"等,给旅行者提供一股清新的、小资的、轻奢的微旅行体验。

总之,这种模式,虽然将时空微缩,但却浓缩更多文化、体验、交互等符号和要素,让城市一日游不再只是"观光、拍照、睡觉"。当然,需要提出的是,这种产品目前还只是聚焦在小众的群体,如何进行量化复制和推广仍需进一步探索;这种产品如何进行盈利,也没有成功的经验可以学习。社群起家的穷游网推出的微旅行产品 City Walk,通过向全球粉丝征集和选拔达人作为该产品的合伙人这种模式,部分地解决了上述问题。

三、价值共创共享驱动型

从价值共创到价值共享是未来发展的趋势。旅游企业与 C 端的顾客价值共创模式以定制化旅游企业的模式最为典型,这些企业通过旅游达人、策划师、旅行顾问等人工服务不断与游客互动、沟通而进行产品设计,并通过给顾客提供专属、独特的资源和服务，从而实现了价值共创，如无二之旅、唯恩度假、优翔等。同时在 B 端，通过创客平台、众创众筹、合伙制等方式实现与 B 端供应商（或服务商）的价值共创，如穷游的 City Walk、马上游等。

最后，进一步打通 B 端与 C 端，形成 P2P 的共享经济模式，让两端的价值得以共享。如共享房子的途家、共享导游服务的丸子地球和共享兴趣爱好与技能的周末去哪玩等。

总之，价值共创共享模式是将"用户"需求充分考虑在内，将线上与线下打通，最大化社会资源的整合与再配置的模式，如图 2 所示。

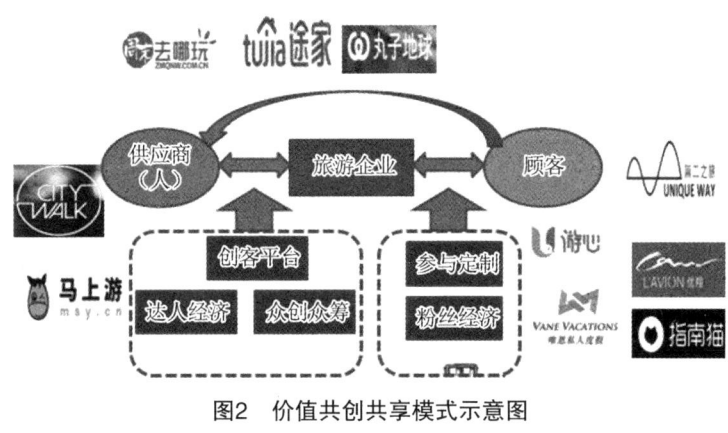

图2　价值共创共享模式示意图

四、目的地碎片化产品整合型模式

旅游者碎片化的旅行需求导致了目的地市场的微细分，继而出现了众多碎片化的"吃喝玩乐购"等单项产品和服务，与"机 + 酒"产品的红海相比，目的地吃喝玩乐产品仍然是蓝海，但这些碎片化甚至是粉末化产品的采购与整合，是一项苦活累活，较少有企业关注。海玩网正是扎根于这个市场，通过"技术 + 人"的模式打造一个全球供应商网络，这是一个融合外国人去采购和中国员工去包装和了解需求的采购系统，并通过大量采用"零渠道"的供应链，实现了对目的地"粉末化"产品的整合。这个系统的底端是按照区域划分的一个个"小团队"，包括一个产品经理（中国人），负责把握出境游中国游客的需求和沟通，一个负责开发、联络、沟通、谈判签约当地供应商的 BD 经理（外国人），还有一个负责翻译、沟通的助理，三者的合作构成了这一供应商网络系统的"神经末梢"，是海玩网发展的坚实基础，如图 3 所示。

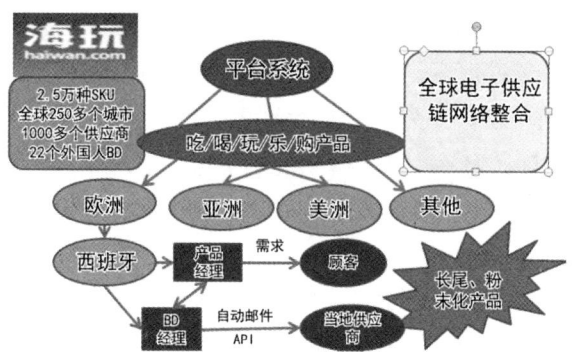

图3 海玩网的目的地产品整合模式示意图

总之，拥有工匠精神的旅游创业企业在执着地探索着被一些人认为是"苦活累活"的事儿，但往往坚持下来后才发现，机会其实就在这里，这也许是热闹和泡沫后的资本寒冬当下，能给整个行业带来暖意和信心的事情。

认识企业中的管理模式及其创新

秦　宇

内容提要：为什么饭店业中经营管理方面的创新被成功推广的并不多？究其原因，一则这方面的创新较难，成功的例子本来就不多；二则此类创新难以学习，学个皮毛可以，要完全学到位，很难。管理创新更适合在自己企业的文化情境下做出。只有这样，创新的内部合法性——也就是管理实践在企业内部获得广泛认同——才能得以建立。

当我们想到"管理"一词的时候，许多人想到的是控制、预算、规划等。100多年来，我们都在大型、工业化、层级组织的公司的意义上使用管理一词。在这一意义上，许多人会觉得管理工作是稳定的，甚至是僵化的。事实上，在企业管理工作领域中，许多重大的创新都曾经对推动产业的进步起到过重要的作用，其意义甚至大于一般的产品创新。例如，在运营管理领域，有全面质量管理、精益制造、供应链管理；在合作伙伴管理方面，有特许经营、外包、战略联盟等；在组织结构方面，有事业部制结构、矩阵式结构、战略业务单位等。20世纪30年代，熊彼特开创性地探索创新，此后西方学术界中陆续开始研究技术创新、过程创新、服务创新和战略创新等问题。但是，较少有研究者对管理创新进行深入分析。2010年4月，美国Wiley出版社出版了英国伦敦商学院教授Julian Birkinshaw的新书 *Reinventing Management:Smarter Choices for Getting Work Done*。在这本书中，Birkinshaw教授在对历史上的重大管理创新进行了全面梳理之后，重点介绍了管理创新如何做出、如何进行推广运用。翻阅这本书之后，我们有两点思考。

第一，管理模式与商业模式的关系。

进入20世纪90年代之后，尤其是互联网和电子商务兴起之后，市场中各种新的模式层出不穷。对于市场中的创业者来说，只要拥有好模式，成功似乎就指日可待。是否果真如此呢？在这部书中，作者指出，商业模式（Business Model）说白了也就是盈利模式（How a Company Make Money）。显而易见的是，好的商业模式难以时时涌现、难以持久、容易被模仿并且在市场中难具有较高的价值，从而不太有可能成为竞争优势的来源。相反，管理模式却有可能成为竞争优势的来源。在这本书中，管理模式被定义为如何管理（How to Manage），这里的管理包括目标、人员、活动（程序）和资源。也就是指公司如何确定目标、如何动员人员、如何协调活动及如何配置资源。在我们看来，好的商业模式有点类似于战略中的好"定位"，这种好"定位"由企业外部环境决定，能够把握与否取决于创业家团队的敏锐眼光；而管理模式则是建立在企业文化、做事方式等基础上的组织常规（Routins），这种常规由企业内部环境决定，其成功与否取决于全体人员长期的认同、参与与投入，非常难以持续，从而更有可能带来竞争优势。管理模式就像是中国武术中的扎马步，马步稳了，自己的拳（商业模式）套式老一点也没有关系，在江湖上混口饭吃没有问题。就怕成为一个连马步都不扎好就赶着什么时髦练什么的"时尚青年"，练成后吓唬没有见过世面的小毛贼有用，时间一长就撑不住了。

简单地看，好的商业模式可以使某个企业在某个时间段内具有竞争优势，但这种竞争优势是否是可持续的，则取决于其管理模式的质量和创新能力。

第二，管理创新推广使用的性质。

技术创新（包括产品创新和工艺创新）已经被管理学家和经济学家进行了很多研究，但是研究者对管理创新的研究还很不够。该书作者认为，管理创新的本质与技术创新的本质不同，从而导致了各自结果和推广使用的不同。在笔者看来，管理创新往往是非垄断性的，其结果很难甚至不可能得到专利的保护；但与技术创新相比，管理创新成果也很难被其他企业进行观察、界定或总结。从这两个方面看，管理创新的学习和推广既容易也不容易。说其容易，是因为一旦某个管理创新得到确认，会有大量与之有关的知识、信息供希望学习的企业进行学习，甚至可以直接到做出创新的企业进行学习；说其不容易，是因为即使某个企业进行了管理创新的学习，也很难真正学到。难以学到的深层次原因在于管理创新的做出和推广与技术创新的做出和推广不同，不仅包括了与纯技术有关的问题，更包括了与企业中的人的行为有关的社会化过程。对于大多数管理创新的成果，学习完之后大家都可以说出个门道，但能否在自己的企业实施，有没有那样的效果，很难说。丰田在运营中进行了许多管理创新实践，去丰田学习的国外企业也很多，但真正学到的并不多。根源在于这些管理创新大多建立在其独特的企业文化基础上，少了这种文化，管理创新的移植效果大打折扣。但是要移植文化，对从高管到普通员工的所有员工来说都是巨大的挑战，往往最终还是放弃。

这两点对于我们认识饭店业中的一些现象颇有帮助。例如，饭店业中最近十几年来"商业模式"和"产品模式"层出不穷，被推广、学习的也不少。但是，为什么经营管理方面的创新被成功推广的并不多？究其原因，一则这方面的创新较难，成功的例子本来就不多；二则此类创新——如前面的分析——难以学习，学个皮毛可以，要完全学到位，很难。目前，酒店业中很多企业参与各种学习"优质管理"或"优质服务"的活动，其效果如何，其实在学习者出发之前就已经决定了。如果企业不具备类似的文化土壤，再派多少人外出取经、写多少的学习总结，也无济于事。

我们认为，管理创新更适合在自己企业的文化情境下做出。只有这样，创新的内部合法性——也就是管理实践在企业内部获得广泛认同——才能得以建立。如果要学习、借鉴外来的管理创新，企业必须付出更多的努力。学习过程可能需要组织文化、体制和做事常规发生重大的变化。这个过程开始前，首先要评估拟学习的创新与自己企业在文化上的契合度。如果盲目学习，浪费时间和金钱不说，有时还容易成为"折腾"，破坏企业已有效率和工作积极性。

第三篇

产品与营销

酒店人应该好好看看《琅琊榜》

秦　宇

内容提要： 我很少看电视剧，因为雷人剧和脑残剧太多，但是对《琅琊榜》却看得津津有味，并对剧组通过苦活、累活体现细节品质的做法深感佩服。目前，酒店业中资本叱咤风云、产品创新层出不穷，而行业的整体产品品质和服务品质却并未得到本质的改善。主要原因在于，资本和创新，大都需要聪明人；而对苦活、累活持之以恒，恐怕就不能太聪明了。细节的锤炼，需要耐心和意志，我们酒店人真应该好好看看、好好学学《琅琊榜》。

电视剧《琅琊榜》近日得到观众追捧，不仅在电视台的收视率屡创新高，网络播放量更是两天内就突破一亿次，创造了一个奇迹。

《琅琊榜》受到好评与剧本情节吸引人、演员演技好有关，但我认为更重要的原因是这部电视剧的精工细作。略举数例：剧中所有成年男子，都束发结髻，无一例外（小飞流没有束发，因为他还没有成年）；所有演员的着装，都是右衽，也就是说，长衫前面左右两片，一定是左边这一片盖到右边这一片上面；行礼的时候，男演员的左手在右手外侧，女演员刚好相反；宫女等下属行跪拜礼的时候，每个人的姿势都一模一样；地位低的人与地位高的人谈话后离开，都是先倒退着走几步，再转身走开。

此外，从道具到场景布局，再到拍摄的构图和光线，这部电视剧也处处精良，为观众提供了很好的画面艺术享受。

反观我们的很多酒店，在精细方面差了很多。前段时间笔者到某省一个地级市小游两天，住到该市据称最好的一个酒店里，遇到的各种细节问题比比皆是：卫生间墙壁瓷砖间的勾缝剂参差不平；马桶坐垫已经松动；淋浴间内排水不畅，洗个澡把脚面都淹了；遮光窗帘无法完全合拢；迷你吧的喝水杯是一个细高的杯子，放到抽屉里，稍微拉快一点就会摔倒；大堂公共区域中茶几上的烟灰缸快要满了；服务人员尽管都是笑脸相迎，但问到附近有何景点，却知之甚少。

上述这些问题，并非个例，而是普遍存在。

当顾客的消费经验不断积累且消费水平不断提高的时候，对细节会越来越关注。不管是电视剧，还是酒店，都是如此。那么，为什么许多酒店无法做到在细节上令顾客满意呢？原因也很简单，细节是苦活、累活不断累加、坚持并成为习惯的结果，是用心并负责任的结果，难度很大，不是造个新楼、开个新产品发布会就能搞定的。我们只需想想要教会《琅琊榜》中那些无名无姓的宫女、太监等群众演员如何完全按照标准举手投足并贯穿始终有多难，就知道精细之路确实不易。

也许会有很多人说，现在的竞争这么激烈，能活下来就不错了，还谈何细节啊。其实电视剧市场的竞争也很激烈。该剧导演孔笙指出，正是因为现在粗制滥造的剧太多，把观众的审美搞模糊了，他们才一直坚持品质拍戏。制片人侯鸿亮也说，"究竟什么样的才是好的？对光影、人物塑造、故事的审美，即使观众不那么清楚，但是作为创作人员，我们有义务去告诉观众，要追求行业上的高度这一点是不能放弃的"。酒店业中也有大量虽然顾客不那么清楚但能够感受到的细节，一旦抓住并做到，顾客自然会有差异化的认识，酒店也就能够脱颖而出。《琅琊榜》的成功不正是如此吗？

也许会有很多人说，重视细节了，投入会更多，但是这些投入能够有回报吗？其实《琅琊榜》刚开播的时候也不为人知，但是由于高品质带来的好口碑通过各种媒体迅速传播——我就是在朋友的推荐下开始观看的，该剧收视率急剧上升并在之后一直保持了很高的水平。在现在的网络时代，只要品质好，这样一部高品质的电视剧带来的各种回报尤其是与声誉有关的长期回报，将会十倍甚至百倍于一部制作平平的剧集。

我很少看电视剧，因为雷人剧和脑残剧太多，但是对《琅琊榜》却看得津津有味，并对剧组通过苦活、累活体现细节品质的做法深感佩服。目前，酒店业中资本叱咤风云、产品创新层出不穷，而行业的整体产品品质和服务品质却并未得到本质的改善。主要原因在于，资本和创新，大都需要聪明人；而对苦活、累活持之以恒，恐怕就不能太聪明了。细节的锤炼，需要耐心和意志。

我们酒店人真应该好好看看、好好学学《琅琊榜》。

事在人为。

基于顾客点评的酒店产品要素特征挖掘与分析

吴联仁

内容提要： 酒店各产品要素特征对顾客总体满意度的影响程度一样吗？笔者基于众荟——慧评网提供的中国大陆292个城市103878家酒店的2500多万条顾客网络点评数据，识别影响顾客服务体验的关键内容特征及其对满意度的影响。

一、背景

大数据环境下，文本挖掘和情感分析技术在酒店企业品牌声誉和顾客满意度分析中得到越来越广泛的应用。随着电子商务网站、社区型网站和第三方评论网站的发展，以及在旅游、酒店行业的普及应用，网络上出现了大量的顾客对酒店的点评内容。截至2014年底，从全国各大中文网站能够采集到的酒店顾客点评数量已达千万级。这些点评内容实际上是客人在网络环境下对酒店所提供产品与服务的自发的"问卷调查"结果，是顾客在享受酒店产品和服务后对酒店满意度的详细描述。对这些点评进行有效的采集和分析，将能够代替传统的问卷调查评价方式，并且能够弥补传统问卷样品有限性和问题局限的不足。

二、数据说明

本文使用的数据集由北京众荟信息技术有限公司（www.jointwisdom.cn）数据应用事业部——慧评网提供。慧评网是目前国内酒店行业主要的大数据挖掘与应用服务提供商。文中数据集包括了2500多万条网络点评，涉及国内292个城市的103 878家酒店。数据主要来源于国内8个主流中文点评网站，包括到到网、大众点评网、艺龙、美团、阳光旅行、住哪儿、去哪儿和携程。收集时间窗口为2014年1月1日到2014年12月31日。

基于众荟—慧评网提供的酒店在线点评数据，对酒店网络点评进行特征词的抽取和情感分析，提炼出关注度 Top30 的酒店特征词，并通过关注度（Attention）、参与度（Engagement）和满意度（Satisfaction）三个指标对特征词统计结果进行分析。

三、概念

统计特征词的关注度（Attention），即特征词在酒店顾客网络点评中被顾客提及的频次。

统计特征词的参与度（Engagement），即特征词的关注度比上酒店数所得数值，反映顾客参与酒店点评的程度。

统计特征词的满意度（Satisfaction），即特征词正面提及的频次占总频次的比例。

四、统计结果

表1 满意度排名Top10 的酒店产品特征

产品特征	满意度	关注度	参与度	关注度排名
SPA	98.35	55 186	0.53	28
酒吧	94.62	120 060	1.16	21
交通	92.22	2 309 254	22.23	3
位置	89.79	3 426 992	32.99	1
客房	88.19	1 086 660	10.46	9
服务	88.01	2 812 568	27.08	2
卫生	85.76	1 382 394	13.31	7
环境	84.73	1 624 840	15.64	5
价格	80.00	2 260 528	21.76	4
礼宾	78.64	66 876	0.64	27

注：特征词"关注度"（attention），为特征词在顾客网络点评中被顾客提及的频次；特征词"参与度"（engagement），为特征词的关注度与酒店数的比率；特征词"满意度"（satisfaction），为特征词正面提及的频次占总频次的比例。

从表1得出，满意度最高的是 SPA，但其关注度在30个特征词中排在第28

位，参与度也仅为0.53，即每家酒店顾客点评中提及SPA的平均次数为0.53次。特征词"位置"的关注度最高，每家酒店顾客点评中提及"位置"的平均次数为32.99。

表2 满意度排名Last 11的酒店产品特征

产品特征	满意度（%）	关注度	参与度	关注度排名
装饰	51.46	372 162	3.58	13
热水	49.58	140 618	1.35	20
家具	47.82	40 158	0.39	30
电器	44.47	147 212	1.42	19
卫生间	40.53	333 986	3.22	15
洁具	35.24	109 824	1.06	23
空调	28.75	162 454	1.56	18
电视	28.67	79 396	0.76	25
电梯	18.11	43 002	0.41	29
异味	17.49	113 012	1.09	22
隔音	14.06	479 592	4.62	10

表2中列出的这11个酒店产品特征的满意度均未达到及格水平（低于60%）。为了进一步分析这11个酒店产品特征，笔者建立如图1的关注度与满意度二维图。其中第三象限的产品特征为满意度低，同时关注度也较低。第四象限的产品特征为满意度低，但关注度高。第三象限和第四象限的酒店产品特征应引起酒店经营者的重点关注。

每个酒店产品特征对顾客总体满意度的影响程度一样吗？

笔者通过多元回归分析发现，酒店的客房要素（包括卫生间、装饰、床和客房4个产品特征）和电器要素（包括电视、网络、空调、热水和电器5个产品特征）对顾客总体满意度影响较大。这9个产品特征一般被认为是酒店提供的核心产品。

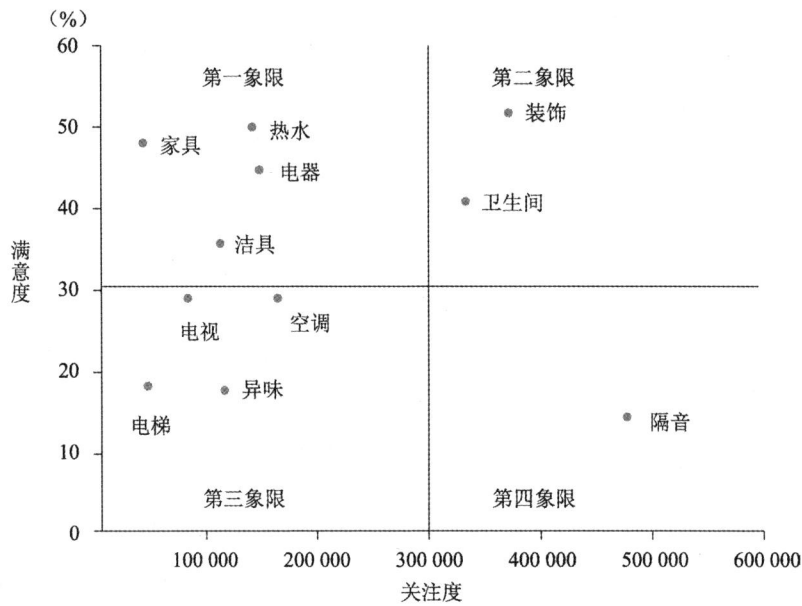

图1 酒店产品特征关注度与满意度二维图

五、结论

目前酒店作为一个提供住宿功能的场所,其主要目的是满足顾客的基本需求。因此,提高顾客对核心产品的满意度,即让顾客的客房要素(卫生间、装饰、床和客房)和电器要素(电视、网络、空调、热水和电器)的满意度提高,就可提升顾客的总体满意度。本文只是在酒店大数据分析中的初步尝试,笔者希望本研究能为酒店商务分析提供一些借鉴。

谨防用户线上交互信息的陷阱

李朋波

内容提要：虽然利用互联网接触用户便捷快速，也因此成就了不少成功的企业产品创新案例，但需要注意的是，这种方式并非"完美无瑕""无懈可击"，恰恰相反，由于与用户通过互联网的远程交互说到底还仅仅是"亲密接触"，却并非与用户的直接接触，因此这种方式实际上存在着很多不确定性。如果完全相信并依赖与用户线上交互获得的信息，就很可能会掉入一些"陷阱"之中。

工业时代由于市场结构简单、信息闭塞，用户对产品的要求多为功能的实现程度、性价比等硬性指标，企业很容易把握甚至无须过多考虑用户需求，只要坚持主功能上的渐进式创新，或者简单的功能集成即可抓住用户。互联网时代打破了信息在企业和用户间分布不对称的局面，信息透明化意味着用户主权时代的到来。传统市场的成熟化，使得用户不再仅仅满足于产品的可用性，而更加关注"可用"之外的"好用"与"想用"，即好的体验。因此，互联网时代带来的信息革命给企业带来了严峻的挑战，用户已经不再单纯地相信广告对产品所"宣扬"的"溢美之词"，转而倾向于关注并依赖大众的点评而做出消费决策。企业管理者们发现，如果自己的产品和服务不能抓住用户的心，很快便会被淹没在差评的"口水"之中。同时，互联网及信息技术的广泛应用也给企业带来了无限商机，网络使得企业获知用户需求及其变动的成本变低。企业可以通过互联网平台与用户零距离交流，利用用户的参与来协助进行产品创新，这种方式已经受到了很多企业的青睐甚至是"钟爱"，例如海尔、小米等企业利用互联网与用户进行交互，从而获取用户意见，并依据用户意见改良产品，以持续不断地改善用户的体验。

虽然利用互联网接触用户便捷快速，也因此成就了不少成功的企业产品创新案例，但需要注意的是，这种方式并非"完美无瑕""无懈可击"，恰恰相反，由于与用户通过互联网的远程交互说到底还仅仅是"亲密接触",却并非与用户的直接接触,因此这种方式实际上存在着很多不确定性。如果完全相信并依赖与用户线上交互获得的信息,就很可能会掉入一些"陷阱"之中。我们发现,有以下四类最常见的,也是企业需要谨防的"陷阱"。

陷阱1:"更快的马"

亨利·福特曾经说过:"如果我问客户需要什么,客户会说一匹更快的马。"由于用户已经习惯了且难以跨越他已有的生活方式,在此局限性作用下,用户提出有创造力的想法往往是比较困难的,因此企业很难从用户处获得具有革命性意义的创新想法。更加有趣的是,我们发现互联网交互的可怕之处并不在于用户不知道自己想要什么,而在于用户想当然地以为他知道自己想要什么,当企业听从了用户的建议想办法"让马儿跑得更快"时,其他具有突破性创新思维的企业已经让"比马跑得快得多"的汽车进入了人们的生活。

以手机行业的发展历程为例,能够看到,那些生存至今的制造商都跳出了"更快的马"的陷阱,而众多曾经辉煌的品牌由于坚持线性发展,创新乏力或创新方向错误而惨遭市场淘汰。从1995年"摩托罗拉3200"手机问世,"大哥大"进入中国人的生活,到2014年6月中国手机用户已接近13亿人,手机的发展经历了机身由大变小再由小变大的过程,这显然不是在技术进化路线上简单的线性发展。回顾最初的"大哥大"手机,尽管机身硕大、功能简单,但由于实现了移动通讯仍红极一时,只是不难想象用户扛着一块"砖头"打电话的体验,因此手机的产品创新不断向轻薄化发展。但当手机已经足够轻薄,便携已经不再是用户最大的痛点,"更加便携"难以给用户带来巨大的惊喜,此时企业需要跳出对已有手机产品的认知,以对用户的真实需求的判断为基础,提出全新的产品概念,而非去问用户需要什么。之后的事实表明,智能手机出现后迅速占领了市场,开启了掌上智能的新时代,随后用户对手机机身的痛点转为屏幕不够大,手机又走上了由小变大的发展路线,这显然与手机诞生之初用户的需求是大相径庭的。

简言之,对于功能尚不满足用户需求的产品,尤其是新产品,听取用户意见,可获得渐进式创新的方向,对产品性能进行持续改善;而当产业逐渐成熟,产品所涉及的功能范围已经足够满足用户的需求,即达到最高的"性价比"时,企业如果不能跳出用户所提供需求信息的陷阱,进而锁定新的创新点开展突破式创新,就会丧失产品进化的良机并错失未来的市场。

陷阱2："大众需求"

在用户信息获取过程中，企业通常按照不同属性（性别、年龄、种族等）对用户群体进行划分，并据此将用户需求进行捆绑，以期研发出"大而全"的产品来满足大众的需求，利用数量上的优势取得产品利润。很显然，"大而全"意味着高成本、高复杂度、大众化，不仅研发成本高，而且更重要的是难以满足用户的个性化需求。可以说，互联网的交互面对的是特征不明的群体，即便是同一属性的人群，由于他们的社会背景、人生经历不同，也会具有不同的特征、产生不同的需求。在特征不明的情况下，将用户需求进行捆绑，研发出的产品看似符合大众的需求，但由于设计之初没有准确的市场定位，最终很可能会被市场边缘化。

在工业经济时代，企业对功能的捆绑的确能够用一款产品满足不同用户的需求，争取到最大数量的用户群体。但在互联网时代，如果仅仅关注主流市场这块"大肥肉"，只会使企业与同样觊觎这块市场的同类竞争对手展开厮杀，陷入红海而无法自拔。克里斯·安德森的"长尾理论"为企业逃离主流市场的"红海"指明了方向，该理论认为，只要产品的存储量和流通的渠道足够大，那些需求和销量不高的产品所占据的共同市场份额，可以与主流产品的市场份额相当甚至更大。互联网时代流通渠道的强大是史无前例的，这为模块化程度较高或者存储成本低的行业的发展指明了方向，同时互联网时代也是弘扬个性的时代，"大众"可以看作由无数个通过用户细分的"小众"构成的集合，企业提供的产品和服务只有尊重小众之间的差异，满足小众用户的个性化需求，才会最终获得用户。

因此在互联网时代，企业一定要避免陷入由信息获取方式所带来的"大而全"的陷阱，在获取用户信息时要改变传统用户细分的方式，使用特征而非属性锁定用户，遵循从用户需求定义用户特征、依据用户特征定位用户群体的方式，准确把握用户的个性化需求。

陷阱3："价格偏高"

总能发现这样一种现象，很多人都会抱怨苹果手机价格昂贵，但又情不自禁地成了"果粉"。这种现象启发我们，当消费者抱怨产品价格昂贵时，企业应该谨慎对待，是理解为价格低点客户就会购买，还是产品没有足够的吸引力。如果简单地依据交互的结果降低产品价格以满足客户的价格诉求，就有可能会随之降低产品或品牌的价值。

在工业时代之初，企业往往根据成本及利润对产品进行定价，其中成本是变量,利润是定量,在供不应求的市场状况下,客户只能被动接受企业的定价。随着工业的发展,市场供需情况发生逆转,大多数的企业不再拥有定价权,利润成了价格与成本之间的差值,企业通过不断地降低成本来保证利润。但在残酷的市场竞争中,仍有不少企业以完全"不接地气"的价格享受着高额利润,这其中客户对品牌价值的认同带来的溢价占了绝大部分。例如百达翡丽的经典广告语:"没有人能够拥有百达翡丽,只不过为下一代保管。"让用户感受到的是:拥有百达翡丽,你拥有的不仅是一块表,而是家族文化的传承和时间的流转。这已经远远超越了一只表的价值,更加入了对家族延续的期望。正是因为定位了高端的用户群体,给品牌赋予深厚的文化底蕴及长期的用户价值,才使用户接受了这样的天价,使百达翡丽品牌延续百年。与此同时,市场上的功能型手表比比皆是,种类繁多、价格低廉,当然不能否认这些低端产品存在的价值,它们满足了占据绝对数量优势的普通消费者的需求。

因此,在面对"价格太高"这样的用户质疑时,企业需要冷静分析以下问题:定价是否与用户群体收入相匹配;产品是否符合用户群体的需求;交互的用户是否与产品的目标用户相一致;等等。如果是目标用户提出的降价诉求,则说明定价不理性或者产品没有抓住用户的痛点;如果交互的用户非品牌的主流用户,企业不宜盲目降价,以避免降低品牌在主流客户心中的价值。

陷阱4:"善意谎言"

互联网交互是文字的沟通,没有表情和肢体的支撑,文字的可信性要大打折扣。尽管我们相信用户参与交互过程的初衷是真诚的,但用户依然可能会出于"不想伤害"的心理而隐瞒自己的真实想法,或者因为没有进行深入的考虑而报告一个不真实的想法。

在日常生活中,"善意的谎言"随处可见。比如,面对朋友对身着一套新衣服的炫耀,大多数人都会选择夸赞,不管这套衣服与其肤色有多么不搭配,或者使其过于粗壮的腰部线条显得更加粗壮。面对这样的场景,大部分成年人都会圆滑地应对,因为一些无伤大雅的谎言会让双方都觉得舒服,而不会有任何一方因为你的言语不当而受到伤害。如果企业交互的对象是这样的"圆滑"人群,在某一具体情景中就可能很难得知他们的真实想法,而且互联网的文字沟通使用户甚至都不需要伪装表情即可轻松"蒙混过关"。除了用户可能的敷衍之外,即便是认真配合企业调查的用户同样也可能会误导企业。国外某企业曾召集数十位用户对新款音响的主打色进行现场交互。在现场沟通中多数用户表达了对白色音响的偏好，但当沟通结束让用户选择一款带走时，大多数用户选择了黑色。这就是用户的矛盾之处，尽管他们偏好白色，但是在做出选择时却认为黑色更实用或者与家具颜色搭配更好。

可口可乐盲目改变可乐配方的经典案例也同样说明了这个问题，在经典可乐与口味偏甜的可乐中，绝大多数消费者选择了口味偏甜的新可乐。但当得知经典可乐退市，代之以新配方的"甜可乐"时，消费者们愤怒了，斥责可口可乐公司毁掉了他们心中的可口可乐。这说明用户的认知其实是分层次的，大部分用户在交互的过程中只能表达出其对产品基于感官或情绪的表面认知，却无法表达其对产品基于习惯或情感的深层认知，而当这种习惯或者情感被彻底打破时，用户强烈的不满就随之产生了。现场交互尚且如此，互联网远程交互的结果就更需要企业去谨慎对待了。

因此，企业在开展与用户的互联网交互时，应慎重选择交互对象和交互形式，可考虑先抛出一些已经验证的问题，筛选出不愿坦诚相待的用户，再设计一些场景帮助配合交互的用户逐渐进入状态，帮助他们找到真实想法、挖掘深层认知，以最大程度地获知用户内心真实的评价。

结语

阐述互联网交互可能存在的陷阱，并不是劝诫企业不要采用这种方式来获取用户信息。鉴于互联网交互的成本之低、可接触用户数量之多，在某种意义上，"用或者不用"是一个无须讨论的问题，线上交互显然是企业获得用户需求信息的重要渠道之一，同时也符合时代背景和发展潮流。阐述以上几类陷阱的目的和中心在于，提醒企业不要盲目地相信线上交互所获取的用户需求信息，更不能轻易地依靠这些信息对产品或服务做出改变，否则就有可能掉入这些陷阱之中。

如果企业既希望充分利用互联网交互方式的优势，又希望获得更加可靠的信息，就需要在进行线上交互时谨慎选择交互对象、谨慎对待交互信息结果。在交互对象选择上，要着重选那些与产品有着密切联系的目标用户群体，而非全部用户群体，否则就可能增加信息选择错误和决策失误的概率；另外，也需要对用户进行进一步细分，依据用户需求特征划分用户群体，以增强信息获取的针对性和有效性。在面对交互获得信息方面，企业需要更加冷静并更加科学地分析这些信息，不要轻易地被用户信息牵着走，更不能轻易地根据这些用户信息改变企业的产品创新方向。近年来，越来越多的企业开始认识到线上交互存在的不足，在坚持与用户线上交互的同时，更加重视线下对用户潜在需求的挖掘与用户体验设计，采用线上和线下相结合的方式来获得更加准确、可靠的用户信息，并取得良好的效果。可以做出判断的是，这种看似"中庸"的方式将成为未来用户需求信息挖掘的一个重要趋势。

总结起来，本文的主要结论有三点：第一，企业在开展用户线上交互时，要更加谨慎、更加冷静、更加理性和更加科学；第二，企业要善于利用线上互动的方式来获取有效的用户需求信息，但绝不能依赖这些信息做出产品创新决策；第三，企业要通过诸如线上线下结合的方式，既充分发挥线上互动的优势，也尽可能减少掉入种种"陷阱"的可能性。

酒店网络口碑进化：质量信号、功能评价与调性匹配

秦 宇

内容提要：酒店网络口碑在揭示质量方面已经开始超越标准和品牌，成为最可靠、最方便的质量信号。在解决了最为基本的质量确定问题后，口碑数据——由于其开放、民主、自发、平等、丰富、实时的特点——还可以帮助消费者解决更有意义的问题：功能判断和找准调性。未来，利用网络口碑数据，基于顾客需求的酒店类型划分会给酒店和顾客带来极大的自由。

几年前，笔者曾经入住格拉斯哥的 Easy Hotel。这个品牌是欧洲廉航 Easy Jet 的姊妹品牌，也被称作酒店业中的 Easy Jet，目前在欧洲有 21 家门店。Easy Hotel 有着反差极大的特征：位置很好但房间很小（最小的房间只有 7 平方米）；有一半的房间无窗子但空调的新风功能很好；卫生间虽小但淋浴极舒服；房间里几乎没有家具但很干净；前台服务热情但无客房服务（若要更换毛巾布草自己交钱自己换，打扫房间另外付费）；床虽然很简单但睡起来很舒服；有电视但要付费才能拿到遥控器；无餐厅但楼下就有两个营业时间很长的小餐馆。

查看 Trip Advisor 上该酒店的点评，好评和差评几乎各占 1/3。好评者都是在称赞上述特征中好的一面，差评者则是在痛批上述特征中不好的一面。之所以如此，是因为不同的旅游者在评价同一个具有较大属性反差的产品时的差异。例如，作为一个早出晚归、只住两晚的观光游客，笔者觉得这个酒店 35 英镑的房价物超所值。但是，一名显然是具有商务目的的客人抱怨房间里没有可以使用笔记本电脑的桌子（当然，也没有椅子）而耽误了工作。

这当然是一个极端的例子，但是这个例子中体现出的"口碑混杂"困境实则是每个酒店都存在的。当有着众多设施、众多服务项目和众多环境构成因素的酒店与不同喜好、不同入住目的、不同期望、不同收入和不同性格特征的顾客相遇的时候，

点评的不一致性不可避免。而且，点评数量越多，这种不一致性和混杂性越大。我国主流点评网站上的饭店点评数仅在 2014 年就新增了 2 千多万条，可见点评信息的数据量之大。最终，某家酒店可能积累了上万条点评且数量还在持续增长，但给消费者带来的混淆也不断增大，最终可能会把消费者淹没在数据和信息的海洋中。

虽然也有少数消费者对阅读点评乐此不疲，但对于大部分消费者来说，阅读点评不是目的，只是工具，是一种确定质量、判断功能、找准调性的工具。经过过去十几年的发展，口碑在揭示质量方面已经开始超越标准和品牌，成为最可靠、最方便的质量信号。在解决了最为基本的质量确定问题后（我们往往可以近似地将点评得分看作质量的信号），口碑数据——由于其开放、民主、自发、平等、丰富、实时的特点——还可以帮助消费者解决更有意义的问题：功能判断和找准调性。当然，后两个问题的复杂性要远远高于前者。

当前，住宿市场中普遍存在着功能过度（这个饭店中有大量我不需要的功能，但是我也为之付了钱，例如游泳池和大宴会厅）和功能不足（我所关注的功能这个饭店没有，我的钱没处花，例如多加 100 元换一个更舒服一点的床）现象，二者都是对消费者福利的损害。这些问题的根源都在于信息不对称的情况下消费者难以找到与其功能需求精准匹配的酒店。网络口碑在这一方面有巨大的潜力。

在近年的实践中，某些口碑评价系统已经对功能判断问题作了大量的研究，其中的一些线索已经在其产品和服务中得到较为充分的体现。不远的将来，在某一汇集全网点评的平台上，消费者发出的下述搜索要求将会得到满足，"我想找外滩附近的酒店，房间要绝对安静，床要舒服，附近有好的书店"；或者，"我想找王府井附近设施新、房间大、隐秘性好的酒店"。一旦实现了需求与功能的精确匹配，价格在决策中的重要性就会降低。苹果手机为何能获得如此高的溢价，与之原理相当。

每个人都有调性，每个酒店也是如此。如同酒店的功能与顾客需求的匹配，一个酒店及其酒店人的个性、文化、审美和价值观也存在着与顾客的个性、文化、审美和价值观匹配的问题。更进一步，顾客之间、酒店之间，也存在着调性的匹配。口碑大数据（可以抽象地理解为"客人关于酒店的声音"）拥有促进"酒店—客人""客人—客人"及"酒店—酒店"三种类型的调性匹配的潜力。当消费者在口碑数据平台上说"我想找一个闷骚的酒店"，能够找到且酒店住客都与之同调性的话，他心里会说，"这就是我想要的酒店"。到这一天，消费者和酒店都会更自由。

这两个方面的想象空间刚刚打开，存在无限可能。

"中国旅行者住宿需求行为研究"简介

张 超

内容提要：在当今大数据时代，收集数据不仅意味着记录历史，还意味着预示未来。"数据，已经渗透到当今每一个行业和业务职能领域，成为重要的生产因素。人们对于海量数据的挖掘和运用，预示着新一波生产率增长和消费正盈余浪潮的到来。"谁掌握了数据，谁就有发言权。本研究建立在大范围问卷调查所获得一手资料的基础之上，数据真实可靠，内容系统完整。

一、研究背景和目的

伴随着全球服务经济崛起的巨大浪潮，酒店业所面临的竞争态势日趋激烈。在新经济、新技术、新文化催生下，旅行者的身份、行为和活动范围也时刻发生着日新月异的变化。了解顾客是把握市场的前提，知悉中国旅行者住宿需求、行为特征及其购买偏好，能够更好地为酒店及旅游产业发展服务。

本研究是国内第一个专门针对住宿市场的、自主设计问卷并在全国范围内实施的大样本调查。本研究旨在：

（1）了解中国住宿客源市场的性别、年龄、常住地、家庭、职业、学历、收入等人口统计特征；

（2）了解中国住宿客源市场的总需求、消费行为差异；

（3）了解中国旅行者对酒店各要素的重要性评价，以及中国旅行者对酒店各要素的满意度分析；

（4）掌握基础数据，为酒店及相关旅游接待企业的经营管理提供决策参考。

二、研究方法和过程

本研究采用了混合研究方法，即定性与定量相结合的方式。定性部分主要包括：采取专家访谈和专家座谈的形式，明确了住宿市场发展的现状和趋势，并讨论了问卷设计中的具体项目设置；同时召集有丰富经验的旅行者做小组座谈，调整问卷设计。定量部分主要包括：选取适当可行的抽样方法，确定样本数、调查对象、调查地点和时间，开展一对一的问卷调查。同时，在调查前期进行调查人员的培训，调查中期进行预调查，调查后期进行数据的录入、整理、分析和汇总工作。

（一）抽样方法

为了增加调研对象选择的科学性和调查样本的可代表性，同时考虑到中国旅行者总体数量庞大的特点，本研究采取了配额抽样的方法，即调查人员先"分层"，将调查总体样本按照一定的指标分层，确定每层的样本数量（即配额），再在每层中按配额任意抽选样本的抽样方式，以便于最大程度上满足总体比例的要求。

根据地区经济发展水平与居民出游需求的正相关关系，本研究选取的分层指标为地区人均 GDP 和 GDP 总量。第一步，将全国的 32 个省（直辖市/自治区）按其在 2012 年的人均 GDP 指标排序，确定人均 GDP 大于 50 000 元的为第一层，包括天津、上海、北京、江苏、浙江、内蒙古、广东和辽宁；人均 GDP 在 30 001~50 000 元之间的为第二层，包括福建、山东、吉林、重庆、湖北、河北、陕西、宁夏、黑龙江、山西、新疆；人均 GDP 在 25 000~30 000 元之间的为第三层，包括湖南、青海、海南、河南、江西、四川、安徽、广西；人均 GDP 小于 25 000 元的为第四层，包括西藏、甘肃、云南、贵州。第二步，以各层各地区 GDP 总量占全国 GDP 总量的比例确定各层所应抽取的样本数量占总体样本的比例，进而得到，从客源地的角度来看，全国区域范围内旅行者理想的抽样比例应为：

第一层：天津、上海、北京、江苏、浙江、内蒙古、广东和辽宁，占 42%；

第二层：福建、山东、吉林、重庆、湖北、河北、陕西、宁夏、黑龙江、山西、新疆，占 33%；

第三层：湖南、青海、海南、河南、江西、四川、安徽、广西，占 21%；

第四层：西藏、甘肃、云南、贵州，占 4%。

此理想比例，能够保证在全国范围内抽取到的旅行者样本信息具有良好的内部效度和外部效度。在随后的问卷调查过程中，项目组随时填报《旅行者常住地统计表》，并及时对抽样样本进行动态调整，以保证尽可能地接近这一理想比例。

与此同时，在按客源地控制配额抽样的基础上，项目组还随时填报《旅行者年龄统计表》《旅行者性别统计表》，即综合考虑旅行者的年龄、性别两项指标，采用交叉控制安排样本的具体数额。

（二）调研过程

本研究的调研过程共分为两个阶段，共发放调查问卷 4900 份，回收有效问卷 4016 份，问卷回收率达到 82%。

第一阶段为大规模调研，在 2013 年 6—7 月，调查地点为北京市、上海市和深圳市的机场、火车站和长途汽车站这三类交通枢纽及游客集散地，共回收有效问卷 3722 份。其中，北京市共发放问卷 3000 份，回收有效问卷 2492 份；上海市共发放问卷 800 份，回收有效问卷 599 份；深圳市共发放问卷 800 份，回收有效问卷 631 份。

第二阶段为补充调研，在 2013 年 9 月，为平衡不同年龄及不同收入的样本比例，调查地点选定在深圳机场要客部，发放问卷 300 份，回收有效问卷 294 份。

（三）统计分析工具

本报告的数据录入、资料编辑、数据整理和统计分析均运用统计分析软件 SPSS19.0 中文版完成。

三、主要结论

通过对以上 4016 份有效问卷的数据分析，2013 年度中国旅行者的住宿需求及行为表现出以下特点：

（一）中国住宿市场需求旺盛，因私旅行将成为新的增长点

在受访者中，绝大多数旅行者年住宿次数为 1~3 次，年住宿天数为 2~7 天。大部分旅行者的因私旅行次数和天数开始超过因公旅行次数和天数，因公旅行天数大多在 2~3 天，而因私旅行大多在 2~7 天。伴随着中国人均可自由支配收入的提高和闲暇时间的增加，因私旅行客源市场有望成为住宿市场新的重要增长点。

（二）中国大众旅游时代来临，中等收入群体成为住宿消费的主力军

根据受访者的人口统计特征研究发现，年龄在 22~45 岁之间，学历在大学本科及以上，年薪在 10 万元左右，从事专业技术性和管理型岗位的中等收入群体在住宿客源市场中占据较大比例。该部分旅行者的人均住宿消费和可接受的价位刚好集中在 151~499 元之间，这基本代表了中国大众旅游时代的住宿消费水平。与此同时，中央政府实行的厉行节俭新政也使得住宿消费水平在 500 元以下的旅行者比例大大增加。

毋庸置疑，中国经济型酒店的迅猛发展正是迎合了中国大众旅游时代住宿消费的基本要求，符合人均消费能力在151~299元之间的市场需求，与此同时，可接受价位在300~499元之间的市场需求仍旧比较旺盛，期待能有更多酒店企业打造更多中端酒店产品和服务来弥补这部分市场空白。

（三）中国本土酒店的品牌认知度和美誉度日渐提高，具有超越国际品牌之势

调查显示，中国旅行者对本土品牌重要性的评价，超过了对国际品牌重要性的评价；对本土品牌的满意度也超过了对国际品牌的满意度。与此同时，中国旅行者对中国元素的评价，无论是重要性还是满意度，都超过了对异国元素的评价。可见，伴随着中国经济的崛起和民族自豪感的激发，中国本土酒店品牌的市场认知度和美誉度大大提升，未来发展潜力巨大。

（四）中国旅行者搜索信息和预订行为以网络工具为主，但支付行为仍旧依靠传统工具

首先，调查显示，网络工具为旅行者获取酒店信息的主要渠道，高出位于第二位的"亲朋好友推荐"23个百分点。而且，将近八成的旅行者都会查看酒店的网络点评信息，完全不相信网络点评信息的不足1%。可见，酒店企业必须高度重视网络营销，将网络渠道作为酒店产品和品牌信息传播的最为主要的渠道之一，同时高度重视在线电子口碑的影响，将电子口碑管理作为市场营销部门最为主要的日常工作之一。

其次，在预订酒店的过程中，有将近七成的旅行者会选择使用电脑或手机进行在线预订，手机预订比例也将近30%。可见，伴随着手机网民比例的不断增加，酒店在线预订方式日趋多元化，消费者对手机APP预订形式的接受程度也越来越高。酒店企业同时也需要大力加强对移动互联网技术的重视与应用。

最后，尽管大部分消费者会进行网络预订，但绝大部分消费者仍旧会选择传统的方式进行支付，有87%的旅行者会选择现场现金或刷卡付款，而只有12%的旅行者会使用银行卡的网银支付。这反映出酒店产品预订行为与支付行为的分离，以及先消费后付款的特点，由此产生的诸多不确定性在某种程度上加大了酒店对预订管理的难度。酒店企业所采取的提前付款价格优惠、短信确认，以及超额预订等措施都是为了加强对预订的管理。

（五）客房是酒店产品的核心，员工是酒店企业的生命

在中国旅行者对酒店各要素的重要性评价中，认为客房各要素重要或非常重要的比例，显著高于认为餐饮各要素重要或非常重要的比例。显而易见，旅行者对客房的关注程度要远远高于对餐饮的关注程度，客房是酒店最为核心的产品。

同时，旅行者对客房设施和用品的关注度高于对客房服务（包括客房送餐服务、自助洗衣服务和代客洗衣服务）的关注度。对客房设施和客房用品，旅行者认为最为重要的项目为隔音效果、床的舒适度、枕头、淋浴、床头设总控开关和毛巾。值得注意的是，旅行者对淋浴的重要性评价超过了对浴缸的重要性评价25个百分点，这一数据可以作为新一轮星标修订的参考依据。

与此同时，旅行者对酒店员工的高度重视不容忽视，旅行者对衡量员工的三项指标（员工态度、员工服务技术和员工形象）的重要性评价都很高。可见，酒店尤其需要注重员工培训，培养能够让顾客满意的员工。

（六）中国旅行者对酒店各要素的满意度中等偏上，最满意的是员工态度、床的舒适度和淋浴

调查数据显示，对酒店各要素表示满意或非常满意的旅行者比例大多集中在40%左右，只有少数几项的满意度评价超过了50%。其中，旅行者表示满意最多的一项是员工态度，说明旅行者对酒店员工态度的认可度较高。其次是床的舒适度和淋浴，说明现有酒店企业对满足旅行者的基本睡眠和沐浴需求方面的重视得到了市场的认可。

总结旅行者对酒店不满意的原因，主要还是集中在干净整洁和服务这两项。可见，从中国旅游市场的大众旅游阶段来看，绝大多数旅行者对住宿产品的要求并不高，酒店企业应该抓住顾客的核心诉求和利益点，从硬件的角度主抓卫生标准，从软件的角度主抓服务。

酒店供给空间结构的互联网化

秦 宇

内容提要：互联网是一个非集中的分布式网络，网上的所有资源——也就是信息——都不必通过一个"中心"连接，也因此避免了由于"中心"存在而伴随的资源集中、权威、等级等现象。酒店业供给的空间结构经历了从分布式到集中式的转变，在获得收益的同时，也带来了诸多问题。在现有的社会、经济和技术条件下，尤其是互联网技术发展的条件下，可能存在着酒店业供给空间结构向"非中心"分布式的回归。Airbnb已经拉开了酒店供给空间结构互联网化的大幕，但这一过程仍处于初级阶段。未来，在传统饭店集团代表的集中模式和Airbnb代表的零散供给模式间，将会出现大量依附于Airbnb及类似平台和零散房源的专业化"小型"运营者，这些运营者将实现零散基础上的"适度"集中，成为酒店供给空间结构的主导力量。

说到互联网的本质特征，人们也许会提到开放、平等、共享和自由等。但笔者以为，互联网最核心的特征似乎应该是非中心，其他的特征都源于这一点。互联网是一个非集中的分布式网络，网上的所有资源——也就是信息——都不必通过一个"中心"连接，因此避免了由于"中心"存在而带来的种种问题。

一、"非中心"的酒店供给空间结构

旅游者对住宿的需求在地理空间内是分散的，也就自然而然产生了分散供给。在旅行和旅游活动开展的早期，有很长一段时间酒店供给应该是"非中心"主导的。某一地理市场中存在众多原子式的小经营者，这些小经营者最早将自家空余的房间提供给旅客，旅客也就近寻找这样的房主。这种"非中心"的模式持续了相当长的时间，其特征是小型化、多样化和自我雇佣。小型化是指住宿设施的规模不大，房间少则三四间、多则七八间。多样化是指不同住宿设施之间差异较大，除了位置、房间类型及面积等先天形成的差异外,每家酒店在室内设施、餐饮产品和附加服务等方面也有差异。自我雇佣是指这样的住宿设施中,房主本人既是店主,也是接待人员,往往还雇佣其他几个人作为帮手。由于小型化、多样化和自我雇佣,此类"非中心"的住宿设施很难通过标准化实现规模经济,其经营效率难以有本质性提高,但是能让人通过较多的人际交互体会到"服务"中的人情。

2007年,笔者在瑞士旅游的时候住到了这样的一个"爸爸妈妈店"中。这个小酒店只有四间房,就是在店主家的木屋的二层和阁楼层,每间房的格局都不一样。店主是一对六十多岁的老夫妻,另外雇了一位每天来打扫卫生的阿姨。老太太是接待员兼服务员,老头儿是厨师。每天的早餐都不是提前做好,而是客人到餐厅后现做。只要有空,老头和老太太都会过来跟你聊几句。这家酒店的住宿体验,是我印象最深刻的经历之一。

二、从"非中心"到集中化

工业革命以来,不管是制造业还是服务业,不管是企业还是政府、学校等非营利机构,都出现了集中的趋势。在酒店业中,体现为两个层面的集中。第一,单体酒店层面,产生了雇佣较多员工、集中了较多生产资源(包括较大规模的客房、餐厅和其他配套设施)的大饭店。大饭店成为"中心",资源(包括人力资源)趋向于中心,消费者也趋向于中心,因为这样做成本最低、效率最高。第二,在酒店集团层面,产生了跨地域运营的大规模酒店连锁企业。因为大规模的连锁可以使得巨额的研发、技术、营销等成本在尽可能多的成员饭店之间得到分担。这两个层面的集中,都带来了中心式的组织。

上述两个层面的集中,都体现为以共同的标准、规则和流程对人、事、物进行运营管理。通过集中和标准化,生产者可以大规模、标准化、较低成本地生产饭店产品和服务,但由此也带来了一系列问题。例如,消费者和生产者都被迫放弃个人的个性化特征,生产的多样性和消费的多样性由此失去了。仔细想一想,大规模连锁酒店企业的标准化生产使得原本极具有地方感的服务工作变得无任何特色,各种地方特色和偶然性带来的自下而上的创新都被牺牲了。例如,某连锁酒店要求前台员工必须对进来的顾客说"您好!欢迎光临"。在大城市中,此类用语听着尚可,但是到了一些接待本地客人为主的中小城市,这些标准服务用语听着总让人感到别扭。此外,对生产者来说,由于"中心"存在而伴随的权威、等级、信息过载、机构臃肿等现象,在组织内部极有可能引发腐败问题。根本原因在于,多重委托—代理机制下,个人工作努力与利益回报之间的关系早不如

"爸爸妈妈店"中看得清晰。由此带来了人力资源管理中一系列与绩效评价和激励有关的难题。

三、回归"非中心"的可能性

即便有如此多的问题，为何到目前为止"集中"还是酒店业中的趋势呢？原因很简单，人类对效率及效率提高带来的成本降低似乎有无止境的追求，背后则是市场竞争这只"看不见的手"在发挥作用。但是，这种对效率无止境的追求是人类社会发展的唯一路径吗？

似乎并不如此。

首先，随着生活水平的提高，人们对品质的追求会越来越高，成本及价格不再是最重要的购买决策因素；其次，随着消费经验的增加和社会整体进步，人们对不确定性的规避会降低，甚至主动寻求不确定性带来的冲击和刺激；再次，未来的人类社会对效率的追求应该通过人工智能及机器去实现，而不是把人作为机器去实现。人的天性适合做探索性、互动性、创造性的工作，而不是如同《摩登时代》中的卓别林，成为标准化生产线上的一颗螺丝钉；最后，归根结底，效率及效率实现的总工具——市场经济体制，都是实现人类社会价值的手段，而非目的。实际上，通过大规模标准化实现对效率的追求，从来也没有成为人类社会发展的唯一路径。在世界各国的住宿市场中，直到今天仍然有大量的"非中心式"的供给。互联网的发展，使得这些类型的供给方和需求方之间发出和接收信息的成本不断降低，也使得供给方与其他利益相关者之间的信息壁垒被拆除，此类"非中心式"供给结构的潜力由此得到巨大的释放。

四、Airbnb1.0及其演化

互联网带动下的工业 3.0 时代，一批先进的制造业企业已经开始了对生产结构的探索。在家用电器行业，海尔的"自主经营体"实际上可以看作一种"非中心化"尝试。我们认为，在旅行行业中，除了航空运输、铁路运输、景区等规模经济效应显著的少数部门外，其余大部分产品和服务，包括旅行社业、住宿业在内的生产结构都有可能走向"非中心式"。在酒店业中，有一个此类零散供给的典型例子：以共享经济闻名的 Airbnb。Airbnb 搭建了零散供给的整合平台，行业中原有集中者占优的局面开始被打破。标志性的事件是 2015 年中，通过 Airbnb 进行销售的零散酒店客房总数已经超过了 100 万间，超过了全世界最大的饭店集团拥有的客房总量。

我们认为，从某种意义上讲，Airbnb已经拉开了酒店供给空间结构互联网化的大幕。但是，其现有的模式将不会是酒店供给空间结构互联网化的唯一模式，甚至可能也不会是主要的模式。我们预计，由屋主出租空闲房屋的Airbnb模式，只是酒店供给空间互联网化的初级阶段（Airbnb现在的模式可以称为1.0阶段），未来这一模式的变数还很多。目前，Airbnb平台上零散房屋的平均出租率还不高。2014年，该网站上的预订数是3700万间夜，也就是每间客房每年被出租37夜。如果按照出租率计算，大概在10%。这种情况下，屋主本人可能就可以应付简单的运营管理问题，类似于"玩票"。一旦出租率提高到某一水平，运营管理会比较复杂。再加上产品和服务的多样化带来的高要求，我们预计屋主会主动寻求更专业化、更高效率的运营模式。到那个时候，在传统饭店集团代表的集中模式和Airbnb1.0代表的零散供给模式间，将会出现大量依附于Airbnb平台和零散房源的专业化"小型"运营者，这些运营者实现了零散基础上的"适度"集中。例如，某个屋主看到酒店生意能够赚钱且令人愉悦，下一步可能会把自家的房间再多腾出一间供出租；再往后，可能会将邻居的两三处房源再盘过来；最后变成一个"爸爸妈妈店"的老板，管着七八个房间，做着小本生意。更有可能的情形是酒店业中的专业人士看到此类市场中的机会，主动租赁合适的物业，进行适当集中，然后通过Airbnb及与之类似的平台进行运营。

千千万万此类小运营者及其背后的住宿设施，类似于互联网上的无数节点，也将成为未来酒店业各类资源（人力、信息、资本、需求）的节点。无论是消费者、生产者还是各类资源的供应商，都被信息技术武装起来。那时的酒店供给空间结构，虽然看似回到了"爸爸妈妈店"时代，非常零散，但是各类资源都已经联网，零散的弊端会被大大降低；虽然会比Airbnb1.0阶段有更多的集中，但是那时的集中与大饭店和大集团的集中完全不同，集中化带来的问题将大大减轻。到那时，被集中生产和标准化取代的零散生产模式，会得到重生，重新成为供给空间结构的主要形态。

互联网蕴含的力量可以使每个人重新获得由于追求集中和标准化而放弃掉的自由。我们在此大胆预测，借助互联网技术，酒店供给的空间结构也会逐渐互联网化。一旦如此，酒店业的生产活动和消费活动将发生巨大的变革。让我们拭目以待。

从《稻草人》看社交媒体时代的品牌宣传

秦 宇

内容提要：Chipotle 正谋求树立新形象，成为一家提供健康食品的企业。此次在社交媒体上的宣传，Chipotle 借势而不是造势，抓住了群众的心理诉求，再通过良好的创意和互动性，成为值得我们学习的样本。

智能设备和移动互联网把人类带入了社会媒体时代。在这个时代，文化不再由传统机构、媒体和专业人士塑造，而是由普罗大众共同塑造。社会媒体时代带来的所谓群众文化（Crowdcultures）现象，对营销和品牌推广带来了极大的冲击。

为了应对传统媒体不断受冷落的影响，大小公司纷纷把营销宣传重点放到了 YouTube、Facebook、微博、微信等社会化媒体上。但是，这样做的效果似乎并不好。例如，麦当劳是全球服务顾客数量最多的企业之一，每天接待的顾客超过 2000 万人次，而且麦当劳也是在社交媒体中投资最多的企业之一，但是，这家企业在 YouTube 频道的订阅者只有 20.4 万。

不论在理念上还是在技术上，利用群众文化现象做营销，都需要合适的思路。我们利用下面这个例子加以说明。

这是一个不到三分半钟的动画片，名叫《稻草人》（*Scarecrow*），由美国餐馆公司 Chipotle 发布。该片情节很简单，一个稻草人进入外表风景如画的食品工厂（名字叫 Crow Foods）工作，进入工厂后发现工厂内部到处是不自由的动物，这些动物生活在牢笼中、被注射药品催肥，然后成为生产流水线处理后的产品，进入人们的口腹中。稻草人不能忍受这样的生产方式，回到自己的家乡搞生态农业，为人们带来了不一样的消费产品。

2013 年 9 月 11 日，这个短片在 YouTube 中发布，大受好评。仅仅一周后就获得了 550 万次点击。2014 年，该片获得了戛纳电影节公关宣传类（PR

Category）影片大奖，评论家们对此好评如潮，甚至有人指出这是互联网时代营销的"典范"。

仔细研究这个短片及其评价，我们发现了以下几点值得学习的地方：

第一，找到顾客与企业在文化诉求上的共同点。

这个广告片只是在最后出现了 Chipotle 的 LOGO，全片都没有说 Chipotle 提供什么样的产品和服务。但是，影片宣传的主旨——现代化食品工厂在"纯天然"标签下生产的食品并不美好，更不是唯一选择，还存在另一种更好的生产方式和生活方式——与企业的愿景暗合。这样的主旨也与世界范围内追求可持续发展和绿色环保的大潮流匹配，并迎合了相当一部分社交媒体群众的所思所想。群众把社交媒体看作一种综合了娱乐消遣和信息需要的平台。在这个平台上，他们并不关心企业提供的具体产品和服务，而且对商业化色彩浓重的宣传非常排斥。只有有趣并且能够激发共鸣的内容，才能真正传播开来。这种传播激发起顾客对企业的认同感。再之后的销售促进等不是目的，只是结果。

第二，创意让人留下印象并愿意传播。

这个短片虽然简单，但到处都有精心的创意，非常容易引发群众强烈的似曾相识的感觉。例如，片中食品工厂外部涂画的风景如画的农场和农舍，与我们在各种食品包装盒上常见的图片几乎一模一样；各种宣传口号，例如"纯天然"等，也是各种食品广告上常见的；片中贴上了"53281"号标签的奶牛，模仿的场景正是牢笼中带有标识号的犯人的场景。影片的创意还体现在对情节的安排上。例如，稻草人回到家乡，做了一个自给自足的有机农场主。但是，他售卖的食品被淹没在工业化的产品中并且受到这些产品的干扰。这意味着虽然此类实践和产品开始引起了顾客的注意，但预示着把世界变得更好（Cultvate a Better World）仍需要大量的努力，给人留下了思考的空间。最后，该影片的主题曲的选择也与影片内容完美结合，成为另一个打动人心的关键环节。

第三，较强的互动性。

这个短片在发布形式和方式方面也很有讲究。在头四个星期，影片只在 YouTube 上发布。YouTube 上的发布很短时间内引来了大量的点击，并且经由观众评论的功能进一步揭示了影片在文化诉求上与观众的匹配之处。这种高互动性的发布方式，让原来隐含在片中的企业理念和追求成为群众公开讨论的话题，对于该广告片的早期传播起到了重要作用。此外，与该广告片配套推出的，还有一个同名的，也叫 Scarecrow 的游戏。该游戏中，稻草人要过关斩将，打破食品工厂的垄断和破坏，为人们提供健康和美味的食品。这个游戏的下载量也超过了十几万次,而且在过关后会提供电子优惠券,供玩家在 Chipotle 消费时使用。

在餐饮业中,麦当劳和肯德基所代表的工业化食品生产和服务体系从 20 世纪 80 年代开始越来越受到诟病。Chipotle 正谋求树立新形象,成为一家提供健康食品的企业。此次在社交媒体上的宣传,Chipotle 借势而不是造势,抓住了群众的心理诉求,再通过良好的创意和互动性,成为值得我们学习的样本。

警惕互联网时代产品创新的误区

李朋波

内容提要： 当前互联网时代背景下，企业唯有通过持续的产品创新才能赢得用户并由此立足于行业和市场。与此同时，因产品创新不当而导致的发展受挫乃至失败的企业案例比比皆是，企业及其管理者应保持谨慎的心态，警惕产品创新活动中的一些误区。

作为一个将市场机会或关于产品技术的假设转化为可销售产品或服务的过程，产品创新一直是企业的一项基础性和核心性活动，并被广泛认为是企业获取市场竞争优势的核心能力。尤其是在当前互联网时代背景下，企业所处的外部环境呈现出信息开放和用户主导的全新特征，用户需求的变化及其诉求表达达到了前所未有的速度，企业唯有通过持续的产品创新来满足用户需求，才能赢得用户青睐并由此立足于市场和行业。

对企业主体而言，无论是"资历深厚"的市场先进入者还是"雄心勃勃"的新进入者，都将具有创新意义的产品视作确立或提升其"江湖地位"的法宝利器。对先进入者而言，为了保持其在市场和行业中的领先地位，需要不断创新和自我淘汰，用快速的产品创新来引领用户需求和偏好，并以此将善于模仿的竞争对手甩在身后。对新进入者而言，由于所在行业往往已经趋于或者逐渐趋于成熟，他们想要在现有秩序严密的市场竞争格局中博得一席之地变得越来越难，而克莱顿·克里斯坦森提出的破坏性创新策略给市场后入者指明了方向——"要做市场的破坏者并建立规则，而非遵循已有规则"。事实表明，这正是市场后入者的黄金法则，扬长避短，不与先入者正面交锋，而是要进行长尾市场的低端破坏或者针对用户需求盲区的新市场破坏。

在我国大力鼓励"大众创业、万众创新"的政策背景下，产品创新甚至已经成了当今互联网时代的主旋律之一。然而，遗憾的是，尽管众多企业广泛认识到了产品创新的重要性并给予了大力投入,但事实上并不是每一家"励精创新"的企业都能够跟得上市场和用户的节奏,并使得创新后的产品成为用户的"宠儿"。与得到重视和投入形成反差的是,因产品创新不当而导致的发展受挫乃至失败的企业案例比比皆是,这些失败案例及其教训促使我们的企业及其管理者进行深入反思,并提醒我们在企业的产品创新活动中要保持谨慎心态,警惕产品创新活动的一些误区。总体来看,我们认为当前企业若想在产品创新之战中取胜,需要特别警惕以下三个误区。

误区1:"打造绝世好作品",产品创新苛求完美

我们知道,真正对艺术有所追求的画家,其毕生所求就是能够打造一幅能够震撼世人、流芳百世的"绝世好作品",而在一些企业的产品创新活动中也存在着打造"绝世好作品"的倾向,即追求没有任何瑕疵和趋于完美的产品。这种"艺术家"式的情怀和"工匠精神"也往往能够获得业界的赞誉,但从满足用户需求和促进企业发展的角度来看,却不一定值得鼓励,原因在于:其一,理论上,完美无缺的产品是不存在的,产品创新只能无限接近完美却永远无法达到无缺的境地;其二,需要投入太多的时间、人力、物力和财力,对于企业这种需要严格衡量投入产出比的经济主体而言,对完美产品的过分追求很可能是一种非理性行为;其三,用户很可能不需要完美无缺的产品,而仅仅需要能够满足当下需求的产品,而且用户不可能"为了一道绝世美味的汤,而在之前绝食等待"。

事实上,产品之所以需要创新,其原因在于产品本身也需要一个不断成长、不断完善的演变过程,这正如婴儿初生之时,身体只具备呼吸、消化、排泄等系统维持生命的基本机能,而各种感官、心智、性格、能力等则需要后天的发育或培养,这也正是生命进化的美妙之处:轻装上阵,粗糙地开始,让环境将其雕琢成为最适应环境的模样。相同的道理,产品创新也可以以"粗糙的形象"尽快进入市场并接受用户检验,使得企业不失时机地成为市场的先进入者,以最低的成本来考察创新后的产品的前景是"大路朝天"还是已经"误入歧途",并据此进一步调整产品创新方向与内容。

在这方面,我们可以从腾讯QQ软件的产品创新历程中得到一些重要启发。回顾该产品的发展历程,QQ在1999年诞生时界面非常简单,仅具有聊天功能,经过十余次升级和迭代,才拥有了现在丰富的功能和漂亮的界面。在之后众多社交工具软件的竞争中,QQ在2014年时的用户量已经超过8亿,稳坐国内即时通信工具用户数量第一的交椅。我们认为,这种结果与QQ在国内问世最早和在

用户群体中先入为主的推广策略有着密切的关系。QQ在没有竞争的情况下进入市场，当时没有同类产品的对比而且面对的是最为宽容的用户，只要产品能够使用户的工作和生活变得方便，用户便易于接受和持续使用还不成熟的产品，在使用过程中形成使用习惯并耐心等待产品的升级。与之形成对比的是，诸如UC、POPO等一些后续的聊天工具，则因创新相对不足、产品特性跟风居多，其使用体验均无法打破QQ已经培养起来的用户习惯，用户也表现出了对QQ的"情有独钟"，而没有"移情别恋"使用其他聊天软件。这使得QQ在不断获得新用户的同时得以保留老用户，用户数量不断增加。除"先入为主"带来的竞争优势之外，QQ还根据用户的反馈和对用户需求的预测持续推出新版本，并通过市场反应让用户检验产品设计的合理性，通过十余个版本的不断更替，不断增加产品功能和提升使用体验，从而更加稳固了其"江湖地位"。

因此，企业在确定创新产品雏形时，应尽快制定进入市场的时间表，上市后依据市场反馈快速做出响应以保证最早抓住用户，并在后续迭代创新的过程中使产品趋于完善，持续为用户带来惊喜和强化用户的使用惯性；切勿在产品创新最初就过度追求完美，从而增加研发成本、延误上市时机，甚至是由于创新方向偏离用户需求而造成"一着不慎，满盘皆输"的后果。

误区2："好酒不怕巷子深"，重产品不重培养用户群体

创新后的产品是否真的是好产品，其评判绝不是企业自身的"老王卖瓜，自卖自夸"，而是来自用户在使用产品过程中的体验，只有"大家说好才是真的好"。彼得·德鲁克提出过企业有两个并且只有两个基本功能，即市场营销和创新。从这两个基本功能来看，创新出好产品固然非常重要，它是为用户带来好体验的前提和必要条件，但却并非充分条件，好产品的"好"只有在最大范围内被用户群体感知到，企业的产品创新活动才算得上真正获得了成功，否则就可能成为企业内部的"自娱自乐"。因此，企业的产品创新活动还需要配合适当的营销手段和积极的营销活动，无论是依靠企业的市场宣传，还是仰仗用户口碑宣传，总之要快速地将产品推向用户并快速培养出数量尽可能多的用户群体。

在互联网时代，营销已经不仅仅是简单的打广告、搞促销，而是已经扩展到了整个商业模式的范畴。企业应谨记，当今的市场竞争不是简单的产品和价格竞争，而是商业模式间的竞争。用户最终感知到的往往不仅是产品本身，还有在整个商业模式的各个环节中与用户接触的所有点，例如营销渠道、品牌形象塑造、用户关系维护方式等，因此企业需要精心设计适合产品、与市场定位契合的商业

模式，明确用户群体在哪里、与用户的关系如何、企业能提供给用户什么价值、与其他同类产品竞争的是什么、产品如何盈利、产品何时盈利等一系列问题，并在此基础上整合自身的资源与渠道、建立最优的策略体系，将产品很好地推向用户。

以网络游戏这一类产品为例，其能够吸引到的用户群体数量直接决定着产品的"吸金"能力及最终成败。用户群体的数量一方面与网络游戏能够带给用户的直接体验有关，另一方面我们也应注意到，有相当比例的用户是被产品的免费所吸引，也正是由于大量免费的初级玩家存在，才让小部分玩家愿意支付费用以获得在游戏世界里的超凡力量与领导地位。由于网络游戏公司的边界成本近似为零，所以并没有因为免费用户的增加而提高成本，小比例的付费玩家就足以为企业带来丰厚利润。再如，奇虎360的发展史（同时也是收费杀毒软件的"血泪史"）同样值得思考。众所周知，奇虎360开启了免费杀毒时代，在产品技术并无明显优势的情况下，在个人电脑主流市场上不仅吸引了之前大量使用收费杀毒软件的用户，并且在完全没有竞争的情况下获得了数量惊人的未受保护的"裸奔电脑"用户。随着用户数量的不断增加，提供免费软件的奇虎360依然找到了许多盈利途径并获得了可观利润。事实上，通过提供免费产品来培养用户群体的做法在互联网时代之前就已经长期存在，例如吉列"剃须刀+刀片"、佳能"打印机+墨盒"的商业模式，以微利甚至负利的剃须刀和打印机来吸引用户，再从消耗品刀片和墨盒等产品中获利。

此外，让用户与产品创新活动融合起来，是企业实现产品创新和用户群体培养双赢的一种有效模式。例如，乐高玩具让用户参与玩具设计，建立了由用户主导的开放式的乐高创新平台，利用这个平台及与用户的不断互动，乐高一方面能够持续获取用户的需求信息并洞察用户的创新元素，另一方面也不断向用户展示其"助力创新"的产品本质，让产品内涵深入人心，从而获得了数量稳定增长的用户群体。

总之，互联网时代的市场竞争已经不再是简单的产品和价格竞争，而是从产品本身出发的能够让用户获得好体验的整体商业模式的竞争，因此企业的产品创新不能再重复"设计好产品—定个好价格—卖出好价钱"的简单模式和逻辑，创新产品的成功还需要依赖能够引入大量用户群体的商业模式，只有大量的用户愿意尝试使用产品，才有从中抓住忠诚用户的可能性，也才能保证产品创新的最终成功。

误区3："拥抱互联网"，不错失任何时机

互联网时代是一个充满不确定的时代，诸如诺基亚、柯达等曾经名噪一时的巨头企业因为没有很好地把握市场环境和用户需求的变化而没落；同时，互联网时代又是一个充满机会和"诱惑"的时代，小小的创意就可以成就一家知名的企业，例如Facebook、百度、Uber、携程等企业在创建时都是基于创始人提出的一个个看起来并不那么起眼的创意。在一些知名企业的百年基业毁于一旦的同时，一大批互联网企业的快速成功给传统行业带来了巨大的诱惑，"拥抱互联网"俨然成了当前经济社会中一个响亮的口号。不可否认，互联网作为能够与用户快速无缝连接的媒介，其中充满了各种各样的商机，但同时也应意识到，让我们感到互联网巨大诱惑的仅仅是为数不多的胜出者，还有不计其数的企业则沦为了淹没在互联网光环下的"无名氏"。

借助于互联网技术，当前各式各样的平台正以风起云涌之势纷纷上线，以O2O为例，打车、外卖、旅行、洗衣、美甲、上门做饭、排队、取件等移动互联网终端应用产品可谓热闹非凡，"只有想不到的没有做不到的"，什么都可以拿来互联网。在很短的时间内，O2O的"蓝海"被众多跟风上线的同类平台做成了"红海"，可以预见的是，在靠融资给补贴、靠补贴拼市场的O2O市场中，未来的严酷拼杀会更加激烈，在少数成功者的背后必然是"尸横遍野"的失败企业及其产品。尤其值得注意的是，2015年出现的58同城与赶集网合并、去哪儿网与携程联姻等互联网企业"抱团取暖"的现象已经在提醒我们，基于互联网的产品和服务创新不会一直停留在"生机勃勃的夏天"，也会面临"寒风萧瑟的冬天"。

借助于互联网思维和技术，尽管能够找到很多产品创新的良机，但企业也应意识到并非所有良机都值得把握，对于那些希望借助于互联网重新腾飞的传统行业企业更是如此。联想集团前董事会主席柳传志曾经说过，"在面对移动互联网等新事物的时候，千万要弄清楚，什么东西当前能动，什么东西不能动"，对传统企业而言，在觊觎互联网这个市场的同时要明确何处是自己的阵地，以防误入别人的战争而丢失自己的领地。华为在其基本法中规定，"为了使华为成为世界一流的设备供应商，我们将永不进入信息服务业"，华为的成功也强有力地证实了成功企业在面对外界良机时必须"有所为，有所不为"。因此，企业应审视互联网技术带来的各种良机与自身发展战略的关系，把有限的优势资源用到核心发展战略的产品创新中去，避免在应接不暇的良机中迷失方向。

在一定程度上，对处在互联网浪潮中的企业而言，困难可能并不是找不到产品创新的机会，而是难以对产品创新的机会进行辨别和选择。面对和克服这种困难，企业需要依据发展目标明确产品创新战略的核心，并紧紧围绕这个核心开展产品创新工作，倘若没有像IBM彻底放弃PC业务转型技术服务企业一样的强大决心，则要慎重看待那些与主业相距甚远的产品创新机会，避免因把握过多"良机"而造成的经营损失。

结语

通过以上阐述和分析，可以更为深刻地看出，尽管持续的产品创新是当前企业获取竞争优势的必然路径，但同时，产品创新并不是企业获得成功的充分条件，若想保证和提高产品创新的良好效果，企业还需要注意避免走入产品创新的诸多误区，本文提出的"产品创新苛求完美""重产品不重培养用户群体""不错失任何时机"则是企业在互联网时代需要特别注意的三个误区。

反过来讲，这三个误区正是从不同方面阐述了互联网时代产品创新需要注意的一些原则。其一，注重产品创新的迭代性和推向用户的及时性。由于市场和用户需求变化速度极快，企业一味追求产品的完美往往会错失最大程度争取用户数量的时机，因此需要及时地将产品推向用户，充分收集和利用用户反馈的信息，通过反复迭代使得产品不断趋于完善，并在此过程中赢得用户资源。其二，注重产品创新与商业模式的融合性。和设计出好产品同等重要的是，要通过适当的商业模式为产品培养起数量充足的用户群体，只有吸引尽可能多的用户去使用和体验产品、主动参与产品创新，才能实现产品创新的最终成功和获取应有的收益。其三，注重产品创新机会选择与企业发展战略的契合性。在面对较多的产品创新机会时，企业需要"扛住诱惑""心无旁骛"，选择那些与自身发展战略高度契合的产品创新机会，在避免产品创新过于分散的同时也提高其对企业发展的有效性。

将本文最终的结论归结于企业管理的两个基本原则，即做事要坚持两个有效，一是有效率，二是有效果，企业在互联网时代的产品创新活动也不例外。

从"回家吃饭"看美食共享之忧

马 双

内容提要：美食共享近年来悄然兴起，一方面为家庭主妇提供了经济收入和社交机会，另一方面恰好可以满足没有时间做饭的年轻人的需求。以"回家吃饭"为例，这一共享平台强调"家"的理念，然而其菜品体验、平台体验和服务体验还没有达到"家"的感觉，价格贵、平台信任难以建立、监督机制不完善、服务难以标准化和规范化等问题凸显。继续塑造"家"的文化和氛围，充分利用顾客资源入户明访和暗访，建立信任和监督机制是当务之急。

一、共享经济的内涵

共享经济在中国发展得如火如荼，据《中国分享经济发展报告2016》得知，中国2015年共享经济规模已经达到19 560亿元，提供服务的人数达5000万人，参与人数已达5亿人。那么共享经济的内涵是什么？对共享经济内涵的理解可以从其字面意思出发，"共"的反面即"私"，也就是说把闲置的个人资源借助网络平台拿出来与他人共享。这里，个人资源包括私有财产、服务、技能等，共享的是商品或服务的使用权，而所有权没有发生改变。"享"即享受优越的体验，要保证共享平台的两端（顾客和服务提供者）有好的体验，可以是服务提供过程中的社交体验，也可以是提供优质的产品或服务体验。这样，共享活动才可以有效地持续下去。"经济"特别强调交易成本的降低——顾客以更低的成本去获取服务，平台以较低的成本进行监督和控制。

在共享经济迅猛发展的同时，也面临着种种挑战，从宏观上来说，共享的合法性是个较大的问题，没有得到政府的认可，为传统行业带来冲击；从微观上来说，参与者门槛低，提供的产品或服务质量参差不齐，平台监管难以到位，交易双方信任关系难以建立等。

二、美食共享现状

共享经济在各行各业有快速的发展，已经渗透到人们生活的方方面面，如房屋租赁、汽车租赁、餐饮、金融、教育、医疗、物流、旅游等。"民以食为天"，美食共享也悄然兴起，它对餐饮业的影响是重大而深远的。据调研，50%以上的年轻夫妻不愿做饭，又注重食物的安全性，所以能吃到安全的邻家饭是最好的选择。科技为陌生人之间美食共享提供了更广阔的平台，将美食供给和美食需求有效地匹配起来，为客户端和家厨端提供了信任机制和监督机制（APP平台上的互评机制）。美食共享平台一方面为待业在家的家庭主妇或有大把时间的阿姨们提供了经济收入和社交机会，另一方面恰好可以满足没有时间做饭的年轻人的需求。

美食共享主要有两种商业模式：外卖式的和厨师被邀请到顾客家里的模式。外卖式的平台如回家吃饭、蹭饭、妈妈的菜和邻厨等。大部分美食共享是通过外卖形式满足顾客对饥饱的需求。烹饪美食的主要是家庭主妇或者有大量时间的"大妈"，美食的配送是由第三方物流、自送或自取完成。这种美食共享模式可能存在各种风险和信任问题，如家庭厨房难以管理，做菜肴用的食材难以保证。不少新闻爆料一些家厨的厨房环境较差，食材不新鲜。这种情况令人担忧，但又难以监管。

厨师被邀请到家里的平台如爱大厨和私人厨师。这些厨师都是经过企业培训的专业厨师，他们做出的美食质量更有保证。这种模式是在顾客家里完成的，可以由顾客来采购食材，但是体验又不一定满足。另外，让一个陌生的厨师来自己家里还是有一些怪异，而且这个厨师难以在有限的时间内做出多个菜肴以满足顾客的需求。现有的美食共享市场还处在"春秋"时期，每个平台都有自己的特色，但还没有出现巨无霸企业。下面将以回家吃饭为例探讨顾客体验和厨师体验的现状及挑战，并从平台管理的角度提供一些建议。

三、"回家吃饭"平台的现状、挑战和出路

1. "回家吃饭"平台介绍

"回家吃饭"是一个家庭厨房共享平台，提倡"外卖"和"堂食"两种模式，分为厨房端和客户端，客户端以白领为主，厨房端的使用者都是家在该城市的普通居民，以外卖配送、上门自取等多种配送方式，为忙碌的上班族提供安心可口的家常菜。回家吃饭打出"安心饭菜，邻里共享"的口号，以"让厨艺与爱更有价值"的共享文化理念，召集了上万的家厨参与，也拥有过百万的用户。笔者通

过采访"回家吃饭"平台 23 位顾客、20 位家厨、5 位平台企业员工,从顾客体验和家厨体验的角度细致了解到美食共享平台的现状和挑战。

2. 顾客体验的现状与挑战

(1) 菜品体验

总体来说,菜肴质量得到大部分顾客的认可,顾客的个性化需求得以满足,但是顾客对价格还是有些疑虑。具体来说,回家吃饭宣传"家"的理念,已经深入人心。不少顾客对家厨比较信任,他们认为家厨用的是家庭厨房,其生产的产品无论是食品卫生还是食材质量都会优于一般的餐饮企业。另外,顾客可以跟家厨沟通以满足自己特有的需要,如少盐、少油、多米饭等。他们认为家厨做的饭更实惠、合口、健康,不会放太多添加剂。

但是还是有不少顾客对食品安全比较担忧,也有一些新闻爆出"回家吃饭"家庭厨房较为脏乱差。食品安全是美食中最普遍的问题,"回家吃饭"比较强调"家"的味道和"家"一般的安全,默认家厨会使用自家的粮油菜,但是家厨数量多,分散广,素质差异较大。平台监督主要通过线上评价,线下偶尔到家厨家里监督,但这远远不够。美食同房屋租赁 Airbnb 或滴滴打车不同,房屋类或打车类的共享服务是显性的、及时的、可以感受到的,而美食中的食材顾客难以辨别,会长期隐性地影响人们的健康。

另外,不少顾客会觉得"回家吃饭"平台上每个菜的价格稍贵,一般在 15 元以上,还有单独的配送费(其他平台一般都没有),而平台现阶段提供的优惠活动无法满足顾客的需求,难以使顾客产生再次购买的欲望。

(2) APP 平台体验

"回家吃饭"的 APP 平台设计界面简洁、流畅、有趣(如每个家厨都会有自己的介绍和故事)、独特,契合"家"的主题。顾客可通过菜系选择自己喜欢的菜肴,使用向家厨捎句话这类功能向家厨提出自己对菜品特有的需求。

然而 APP 对家厨定位不精准导致配送困难,在顾客订购后,却不时出现超出家厨的配送范围而被拒单或拒送。另外,在选择多家家厨时,顾客在支付环节需要来回切换,并不能像其他平台一揽子购物那样顺畅。平台上一些功能设计不够人性化造成顾客体验不好,使得一些顾客离开这个平台。

(3) 服务体验

平台要求家厨使用统一外卖餐具(如印有"回家吃饭"标识的外卖盒、外卖袋以及一次性筷子),这些餐具有较高的质量,提升了顾客的体验。同其他外卖平台相比,家厨的服务态度更和善,如果遇到顾客对产品有特殊需求会进行电话确认,在因为外送距离远或高峰时段而无法送达餐的时候,家厨会致电道歉。在平台上进行评价,家厨会进行一对一的回复。回家吃饭平台上,家厨更有服务意识,他们友好和谦逊的态度拉近了同顾客之间的距离和感情,强化了他们之间的社交互动。

然而在物流设计上,由于第三方配送不及时或家厨不熟悉周围环境,不时出现顾客无法按时就餐的情况。另外,餐饮与其他行业可能有所区别,高峰期集中在11点到1点之间,家厨经常无法按时派送,菜品就会不新鲜或者变味变色,给顾客造成不好的体验。

3.家厨体验和挑战

(1)家厨参与动机

不少家厨是一些没有稳定工作的家庭主妇,或者在家照看孩子的老人,他们参与"回家吃饭"最大的动机是增加经济收入,同时丰富社交生活;也有一些家厨有稳定的工作,但是为美食爱好者,会利用闲暇时间来烹饪,他们更希望得到他人的认可,并丰富生活。通过对20余位家厨的访谈,结果发现不同家厨有不同的需求(见表1):

表1 家厨特征和动机分析

家厨特征	主导需求	占比
收入偏低或不稳定	经济需求	较多
生活单调	社交需求	中等
收入中等且爱好烹饪	经济需求结合社交需求	较多
收入较高且追求自我价值	社交需求结合尊重需求	较少

(2)服务传递体验——物流配送体验

尤其在点餐高峰,配送成了最大的挑战。回家吃饭的配送方式有第三方配送、自送和上门自取三种。为缓解点餐高峰时段的送餐难问题,平台为家厨提供了第三方配送(达达配送或人人配送等),这会遇到很多问题:如不能及时接单(抢单时,无利可图便不接单)、不能及时送达(积累很多单一起配送,饭菜的温度和口感难以保证)、配送过程难以保证送餐质量(如汤溢出)等问题。有的家厨选择其他熟悉地形的派送员,而不是平台提供的,这样虽然会多付钱,但是送餐的服务质量可以保证。不少家厨会自己配送,但是高峰时段忙不过来,另外,也经常找不到顾客的位置。也有一些顾客会自己上门来取,可以顺便了解厨房环境和食材情况,他们吃着也会更放心。

（3）对平台公司提供产品的体验

在产品提供上，为了使得家厨传递统一的外部形象，平台要求家厨必须使用公司餐盒。餐盒价格不便宜，而且还有损坏，与售后人员沟通时，售后人员难以联系并且不能有效地解决问题。

4. 平台公司存在的服务差距以及出路

综合顾客体验、家厨体验以及回家吃饭平台宣传的理念发现，回家吃饭提出的一些服务理念虽然得到一定程度的认可，但是还存在不少差距（见图1）。下面将指出这些差距并提供一些出路：

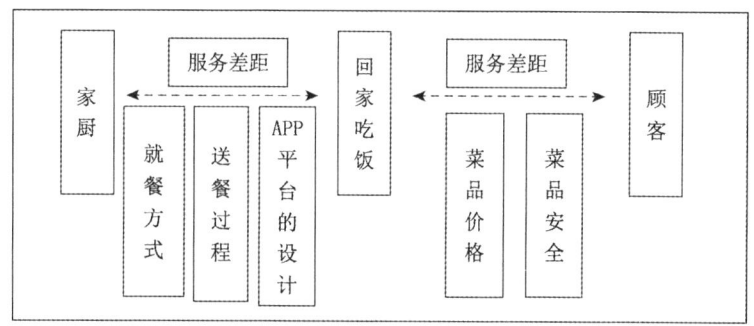

图1 "回家吃饭"的服务质量差距

（1）平台公司与顾客之间的服务差距以及出路

"回家吃饭"宣传"家"的理念，主要通过APP平台上家厨故事宣传"家"的文化和氛围，进而吸引顾客。在不少顾客心中，"家"的文化得到一定程度的认可，但是共享经济连接的服务提供者——家厨来源广泛，难以监督，难免出现各种食品安全问题。在线点评是一种普遍的线上监督方式，这种监督更多是顾客可以直接感受到的菜品质量，如菜中是否有异物或菜的口味如何，而在现实中，餐饮是一个关系民生的复杂系统，厨房环境和食材的新鲜程度在很大程度上影响人的健康状况，回家吃饭平台随着家厨规模的增大难免会出现各种黑作坊现象。回家吃饭仅仅要求家厨有健康证，却没有对家厨进行严格、有体系的监督。一方面是由于回家吃饭平台没有太多的人力、物力进行线下监督，另一方面是家厨分布之广，确实难以监管。

针对共享经济出现监督难的情况，可以广泛调动顾客作为监督员。顾客规模广，力量大，又不用平台企业付出高昂的成本就可以对家厨进行有效的监督。第一，可以采取秘密顾客调研法。平台公司可以制定出顾客对家厨暗访的可操作流程,奖励他们一些优惠券,鼓励他们秘密上门取餐并拍照。第二,可以采取明访法。平台对顾客进行简单的培训,鼓励顾客对家厨不定期地明访,对家厨环境、冰箱里的食材和调料等进行取材,若家厨在食品安全上达不到要求,则给予不同程度的惩罚;对于严重达不到要求的家厨,可以吊销其资格。广泛调动顾客也是共享经济中表现出来的一种现象,即把顾客闲置的时间资源充分利用起来。

不少顾客认为"回家吃饭"定的价格较贵,跟"家"的定义不同。"回家吃饭"公司强调定位白领,要求家厨菜的价格不低于15元,这是对家厨的定价自由的限制。由于"回家吃饭"规模还小,获得的投资也有限,并没有让予顾客太多的利益,也就违反了共享经济中强调的"经济"性。这与其他共享平台的现状有所不同,如滴滴打车给予顾客和车主较多的优惠,在同等服务提供的水平下,顾客总是以低于市场的价格获取服务。

不少共享平台为服务提供者提供建议价,而最终的定价权在服务提供者自己。回家吃饭平台可以给予家厨更多的定价自主权,一方面允许他们定较低的价格,把一些利益让予顾客;另一方面,鼓励他们进行自主创新,如减少分量(不少女性顾客反映菜量大吃不完)、增加菜肴的多样化等而让顾客感觉到经济实惠。否则,"回家吃饭"难以与有大量优惠的外卖平台(如饿了么、百度外卖)进行有效竞争。

(2)平台公司与家厨之间的服务差距以及出路

平台公司和服务提供商的不和谐主要体现在用餐配送上。平台公司提供的第三方物流配送,无论是服务质量、服务态度还是配送范围,不少家厨都表现出不满。平台APP又无法准确定位顾客的位置,以至于造成送餐延误。

准确定位是共享平台的重要功能之一,如滴滴打车软件可以较好地定位顾客位置和要去的目的地。回家吃饭的平台公司应加强自己的平台技术,更精确地定位配送范围,或者准确地帮助家厨导航。对于平台的第三方物流,要对其有更好的管控措施和激励措施,以使得他们更高效和高质量地为家厨送餐。

另外,"回家吃饭"平台最初特别提倡的"堂食"就餐模式,也没有得到很好的运行。堂食可以让顾客或游客体验当地的文化或家的感觉,然而由于种种原因,家厨一般拒绝堂食。这使得"回家吃饭"跟一般的外卖平台越来越像。"回家吃饭"平台应鼓励堂食形式,可以给予家厨一些经济鼓励,这样才可以有效突出"回家吃饭"的特色和竞争力。

第四篇

组织与人力

戳戳痛点

——我国本土酒店集团管控中的几个问题

李 彬

内容提要：初步分析了在本土酒店集团管控中存在的"集而不团、连而不锁"、品牌细分而顾客没有细分、只求增长而忽视成长三个问题，并从强化连锁管控能力、将顾客需求作为品牌细分起点、处理好新旧品牌运作关系、系统建设企业文化等几个方面提出了建议。

连锁酒店圈里流行一句话：管理10家到20家，靠经验；50家到100家，靠制度和标准；100家到1000家，靠系统；1000家以上，靠文化。这句经验之谈道出了"伴随连锁酒店规模扩大、组织层级增多、管理半径变长，连锁管控模式越来越重要"这样一个理论和现实问题。

本文初步分析了在本土酒店集团管控中存在的"集而不团、连而不锁"、品牌细分而顾客没有细分、只求增长而忽视成长三个问题，并从强化连锁管控能力、将顾客需求作为品牌细分起点、处理好新旧品牌运作关系、系统建设企业文化等几个方面提出了建议。通过戳戳这些"痛点"，以期引起更多酒店集团的注意，毕竟小痛点不补，大痛点吃苦！

痛点1：集≠团，连≠锁

在调研中我们发现，管理的效率不高和服务质量的不一致是我国本土酒店集团亟待解决的问题。其中，本土国有酒店集团管控层面存在的"集而不团"或"连而不锁"的痛点常被提及。一个重要原因是这些管理公司对"连锁"管控技术的认知和运用还有待提高。有相当多的管理公司虽然提出了采用集团化或连锁化的管理方式，但仔细调研其管理公司总部的开发、运营、财务、营销等方面的管控系统，就能看出其仍然沿用的是单体酒店经营管理模式。这两者的技术关键点截然不同：单体模式重视单店选址、重视单店的服务流程与细节、总部小而功能弱、管门店依靠店长能力、标准难复制等；而连锁模式则重视网络化布点、重视服务质量的一致性和服务流程的标准化、总部大而功能强、管门店依靠管理体系、标准可复制等。

在这一点上，以经济型连锁酒店起家的本土酒店集团做法较为突出，如如家、铂涛、华住、锦江之星等。这些集团派出上千名管理者（管理团队）在全国各地管理千家以上的门店（含直营店与加盟店），这种管理模式在世界饭店业发展史上都较为少见（国外很多酒店集团的特许经营模式并不派管理人员）。它们大量引入其他连锁行业的管理经验和管理人员，解决总部对下属门店的管控问题。例如运营方面，依靠信息系统对前台管理、中央预定、销售与收益管理、中央采购、服务质量网评监控、后台办公等技术关键点建立体系化的管控系统。门店布局方面，选择在某一个区域密集布点的"铁桶"战术，待形成较强网络化密度和强度后再往周边区域拓展。营销方面，依靠强大的 CRS 和 CRM 系统，在收益管理、与 OTA 关系、会员体系、O2O 平台等方面构建体系。正如某家酒店集团 CEO 所认为的，集团总部的任务就是制定好由规则、标准、系统和制度构成的体系，依靠这一体系的自动运转去解决集团几千家门店的日常运营管理。因此，处理好集团总部与下属门店的关系，关键步骤是总部（管理公司）强化自己的连锁管控能力，从而提高整个集团的管理效率。

痛点2：品牌细分≠顾客细分

当前我国本土酒店集团绝大多数都采用了多品牌发展战略，在原有品牌谱系基础上不断进行品牌细分。然而从顾客感知视角来看，一些本土酒店集团推出的新品牌与原有品牌以及其他新品牌之间的差异并不明显。例如我们的一个科研课题"中国旅游者住宿需求调查研究"的研究结果显示，旅游者对于我国几家中端酒店品牌之间的差异性感知并不高，对经济型酒店品牌的差异性感知则几乎没有。由此可见，品牌细分了不等于把顾客群体细分了。顾客群体没细分，顾客感知到的品牌间差异仍不清晰，长期来看就会损坏品牌价值。

那么如何推出一个新品牌进行品牌细分呢？

（一）始终把细分市场的顾客需求作为品牌细分起点

这一问题其实又回归到市场营销理论中一个最基础的也是最易被忽视的理论：品牌细分的前提是目标市场细分或顾客需求细分，然后才是商标 LOGO、物业建筑、硬件产品和服务标准等方面的进一步设计。所以顾客的需求是逻辑的起点，如果顺序反了，无论设计品牌的"大咖们"多么"英明"和有经验，品牌细分都仅仅是一厢情愿地对"商标"的细分。

以当前被炒得很热的中端酒店品牌为例，笔者所知的某个酒店集团认为低于高端品牌、高于经济型品牌的，定位于中端消费能力的商务客人的酒店品牌就是中端品牌。于是兴致勃勃地找到国外设计公司在品牌LOGO设计、产品的时尚理念上进行了一番国际化、高大上的包装。但推出后却发现，所设计的品牌风格太前卫、小众，在连锁化扩张中没有足够的目标市场支撑，另外，所设计的产品事后发现多是"拍脑袋"的产物，如该品牌的小资风格的主题茶餐厅，餐厅面积却设计成能容纳百人就餐的大小。能有多少"小资"的住店客人和周边客人来就餐？餐厅的面积是如何确定的？事后证明该餐厅的效益并不好。决策者想当然地以为设计理念时尚、产品和服务质量好就会吸引到足够的顾客。顺序反了！

因此，品牌细分前首先要重视研究目标顾客的需求特征。例如笔者所在团队最近调研君亭酒店品牌推出过程时发现，该品牌首先确定顾客群的需求特征，将顾客群定位在"有一定消费能力的城市白领，对商务酒店作为'城市花园'的'安静、品质'有需求的群体"，之后在这一基础上设计"让人心静、放松的东南亚风格"的产品和服务。又如布丁酒店品牌推出时，也是首先对所定位的核心顾客群体进行"画像"，找到那些经常身穿H&M、随身带iPad、开Smart车但又喜欢骑自行车环保出行的时尚和活力青年顾客群体，这一群体集中在18~35岁，是一群爱网络、新潮、理性和有社会责任感的人群，之后依据这些顾客的需求特征与消费特征设计与之相对应的酒店产品和服务，以及符合这一群体喜好的品牌LOGO等。

这样的品牌推出过程多么自然与流畅！

特别是当前顾客提意见、参与和互动的意识日益强烈，为何不让顾客参与酒店品牌的设计呢？就像某著名品牌广告所说，什么才是顾客满意的产品？顾客亲手设计的产品！由此，可借助互联网，让广大粉丝参与产品设计进程、思路与营销模式，像"纸牌屋"和"小时代"的大受欢迎那样。可依照粉丝们的意见不断推出产品，这样的产品是粉丝们自己设计的，是属于他们自己的"菜"（例如为某间客房或某件物品刻上粉丝设计者的名字，成为该粉丝设计的独家艺术品）。

（二）处理好新品牌与集团内其他品牌之间的关系

新品牌的推出除了要考虑与其他酒店集团既有品牌的关系外，还要考虑与同一集团内其他品牌的关系。因为对新品牌来说，集团既有品牌的影响具有某种"惯性",使得新品牌很难摆脱既有品牌的影响,所以需要考虑"新"与"旧"的关系。

这里,品牌背后的顾客需求差异仍然是处理新旧品牌关系的首要因素,由此延伸的品牌 LOGO 设计、产品和服务设计等方面这里不再详述。需要特别指出的则是,新品牌与集团其他品牌在运营管理方面的关系。例如国内一家酒店集团很早就在原有品牌基础上推出了新的中端酒店品牌,这一新品牌在当时来看,与集团现有品牌差别很大,然而该集团却采用了现有品牌的团队、管理系统去打造这一品牌,结果这一品牌发展得并不理想。直到最近才开始考虑剥离出一个新的、独立的团队去打造这一品牌,目前已使这一品牌有了新的发展。

可见,如果品牌细分的差异程度高,那就意味着新旧品牌背后的设计理念、产品服务设计、管理体系等会存在较大差异,特别是如果运营管理该新品牌的团队"心智模式"没有转变,则"很自然地"走上既有品牌的老路,而自己却并未察觉。

痛点3:增长 ≠ 成长

以几大经济型酒店集团为代表的民营酒店集团十年来实现的高速连锁化扩张,以及近年来国有酒店集团在资本层面"突飞猛进"的跨国经营和并购增长,都表明了我国本土酒店集团在资本的推动下不断追求规模上的增长。资本的确可以加快企业发展的步伐,使企业在规模化、多元化、国际化方面发生战略性的变革。然而,企业在增加规模的同时,在自身能力提高、价值观提升方面是否也做好了准备?笔者曾了解到,A 酒店集团通过收购一家国外 B 酒店集团,规模迅速扩大,也自豪地认为走出了国门。评论家们大多从财务指标、资产质量等方面进行评价,但少有人从企业内部的管理资源和管理能力视角去分析,如 A 是否有足够的资源和能力来整合所收购的这么大体量的 B 呢? A 是否有足够的外派人才去接管 B?即使有,A 派去的管理人员是否具有跨文化管理的能力? B 能否认同 A 的价值观,融入 A 的企业文化?

盲目追求规模上的"大",就像人的成长一样,虽然个头增长了,但心理和综合素质并没有成长,心智模式没有改变。一味"催熟"下的长大,往往因为缺乏太多积淀和必要的能力而没有真正成长起来。因此,增长并不是成长。

酒店集团成长的标志是良好的经营绩效及其背后的能力提升和企业文化的传承,即内功的修炼。一群人走到一起做事,依靠的是共同的理念和想法;一群酒店"连"在一起,依靠的是传承下去的、一致的、不变的价值观、经营理念和行为准则。

伴随着酒店集团规模的不断扩张，集团总部和门店的员工数量会不断增加。新高管和新员工的加入会在企业不同层次自觉或不自觉地"稀释"企业文化：原有的价值观、工作氛围、工作习惯和方式，甚至语言交流体系等都会受到影响，这时企业内部会出现各种亚文化，亚文化会导致各种"小集团""小群体"的出现，它们有各自的价值理念和行为方式，从而影响集团整体的步调一致性。

正因如此，当前酒店集团都非常重视企业文化的建设工作。然而，在调研中发现，企业文化建设工作仅仅停留在局部、表层的方面，比如对价值观、愿景、经营理念的口号式的简单宣传、程式化地定期组织年会和团队建设活动等。根据企业文化的"洋葱"模型，企业文化是一个有层次的、连续的系统性概念，处在最里面的核心层是价值观和理念，向外依次是制度与规范、仪式与礼仪、行为与语言、办公环境等。因此酒店企业集团文化建设是一项多层次、多维度的系统工程，要由CEO推动并身体力行，从最表层的行为和语言逐层深入到价值观和理念，采用一体化的企业文化建设思路，那种表面的、局部的、"革命运动"式的企业文化建设活动都还不够。

笔者所在团队曾在某国际旅游与酒店学术期刊上发表了一篇关于如家酒店集团企业文化建设与绩效关系的学术文章，其中特别总结了如家体系化的文化建设实践，从对"关爱与快乐"的核心价值观的传递，到举办春节年会、运动会、"草根"大会和各类非正式的团队建设工作，再到工作环境氛围、语言与行为准则等的不断调整，从CEO在各个场合对不同层次员工的激情进行"燃烧"，到每位员工见到顾客后的微笑与问候。企业文化在多层面、多角度不断进行传递，才能形成独特的竞争优势。当然，随着企业发展到成熟期，规模扩大，组织层级增加，企业文化的巨大惰性和惯性也会阻碍企业的创新与变革，这将是包括如家在内的各大酒店集团发展中值得关注的问题，这里不再详述。

结语

总之，一个没长大的孩子只有经历了挫折或见到了自己至亲的离世才会有真正的成长。期望我国本土酒店集团多多思考连锁管控、顾客细分和企业文化系统建设这些痛点，在大踏步追求规模增长的同时，重视内功的修炼，重视实践的总结，实现可持续成长。

本土饭店企业人力成本管控的三个偏差

李朋波

内容提要：本文归纳总结和深入分析了本土饭店企业在人力成本管控方面存在的三个偏差，即认知偏差（将人力更多地视为成本，而非资本）、逻辑偏差（将降低人力成本作为手段，而非结果）和路径偏差（将成本压力转嫁给员工，而非其他）。在此基础上，本文指出了本土饭店企业在当前时代背景下进行人力成本管控的一些基本原则，以期对本土饭店企业的持续发展起到启迪作用。

大凡接受过管理学教育或者从事过哪怕是最简单的管理工作的人，都对成本有着天然的敏感性。管理经济学的成本理论告诉我们，企业投入生产要素的价格（即成本）决定着产出，并间接决定着企业在市场活动能够获得的利润。这几乎成了管理者们进行资源配置和经营决策的一条"金科定律"。从经营的基本逻辑来看，对成本的控制无疑是至关重要的，更低的成本意味着在相同售价时更高的利润水平，或者相同产品效用水平下更低的价格和更多的销售量。

在企业的生产成本中，劳动力或者叫人力是最重要的组成之一。对属于劳动密集型的饭店企业而言，人力成本过高一直是一个突出的问题。尤其是，随着当前我国人口红利消退速度不断加快、人口老龄化问题不断凸显，以及当前经济下行压力、政府严禁"三公"消费等诸多外部环境因素给饭店业经营管理造成的一系列成本持续上涨等，"降低人力成本"俨然已经成为饭店企业转型升级的一个基本命题，饭店企业管理者在各种公开场合谈降低人力成本越来越"流行"、越来越"时尚"，人力成本甚至成了很多管理者们解释经营困境的"挡箭牌"。

问题引起热议和重视总归是好的现象，但遗憾的是，我们看到很多饭店企业在人力成本管控的认知、逻辑和路径层面还是存在一些偏差，并阻碍了饭店企业人力资源管理的可持续发展。

一、认知偏差：将人力更多地视为成本，而非资本

管理经济学的知识还告诉我们，劳动力属于生产活动的短期和可变成本，这种归类的影响可谓深远，具体体现就是：我们的管理者将过多的眼光落到了人力作为成本的一面，却对人力作为资本的一面关注不够。

以上情况的造成大致可以由以下原因来解释。第一，与很多其他行业相比，人力在饭店企业总的成本构成中占的比例较高。根据不完全的行业数据推算，人工成本平均约占饭店企业总成本的近三成（在不同细分市场比例不同，整体看人工成本率与饭店档次成正比），这比制造业企业和很多知识型企业的比例要高，使得饭店企业的人力成本看起来异常显眼。第二，在企业为员工支付的可见的薪酬之外，人力的隐性成本要高很多。第三，人力所创造的价值无法那么具体地计算和体现出来，这容易让管理者们忽视人力本身的价值。由于人力资本具有能动性和动态性，在人力资源管理研究和实践领域，如何科学准确地度量人力的价值一直是一个难题。因此，在实践中企业很难将人力纳入到财务账户中去，并计算出它产生的价值。第四，与其他行业相比，饭店企业的平均离职率一直居高不下（约50%），员工群体的高流动性也使得企业管理者倾向于将人力视为成本。

以上四个客观原因及其长期影响所带来的结果就是，尽管企业管理者们常常宣扬"人力资源""人力资本"的重要性，但很显然我们还没有真正认识到，也无法很好地去体现"资源"和"资本"的本质，那就是人力作为一种资源是可以创造价值的，人力作为一种资本是可以不断增值从而创造更多价值的。对于直接依靠员工服务创造顾客价值的饭店企业而言，员工是企业服务质量和竞争优势的最终来源。尤其是在当前互联网时代背景下，顾客拥有强大的消费决策能力和充分的消费选择权，因而他们在市场中处在主导地位，饭店企业必须想方设法迅速满足他们愈发个性化和多样化的需求。在这种情况下，饭店企业需要充分重视员工群体在顾客价值创造中的主体地位，充分激发他们的积极性和主动性，从而为顾客带来更多更好的服务体验，进而提升企业的竞争力。变革对于任何企业及其管理者都是一件难事，由于客观原因的存在，饭店企业要真正将对人力的认识从成本转移到资本更是不易，但不管怎样，最终环境会倒逼我们做出变革。总而言之，饭店企业及其管理者必须更多地关注人力作为资本的一面，进而在人力成本控制和人力资本效能发挥之间找到平衡。

二、逻辑偏差：将降低人力成本作为手段，而非结果

哈佛商学院教授迈克尔·波特教授提出的"三大竞争战略"在国内企业界备受推崇，也被很多饭店企业奉为制胜的"理论法宝"，尤其是低成本战略更是被广泛运用，是早些年饭店行业辉煌的重要原因之一（当然，对我国很多行业都是如此）。习惯于这种战略逻辑的企业往往把成本管控作为保证和实现更高利润的关键手段，即用更低的成本获取更高的利润。但事实上这种逻辑本身就存在"本末倒置"的错误，较低的生产成本不是管控的手段，而应是管控的结果。

这种"本末倒置"的错误逻辑在本土饭店企业中体现得非常明显。可以看到，很多企业解决问题的逻辑非常直接和简单，为了降低人力成本就直接去降低员工薪酬或者裁员，很显然这种方式见效最快，短期之内会使企业的利润表看起来好一些。但更多的结果则是，由于薪酬被降低，员工的工作积极性受挫，在服务顾客的过程中表现得消极或懈怠；或者由于过少的员工配置，服务质量难以保证甚至不断降低。这些结果导致的最终后果则是，顾客的服务体验和忠诚度不断降低并迅速选择其他饭店入住，如此一来，企业的损失势必会更大更持久。

如果把管理的逻辑倒置过来，将人力资本降低视为管理的结果，情况就会发生根本转变。其一，无论企业遵循怎样的低成本战略逻辑，不降低顾客价值（注意，这才是饭店企业有效的产出）都是一个基本前提，在这个前提下再来思考如何降低人力成本才有意义。其二，经济学原理告诉我们，技术、知识等其他要素对包括人力在内的其他成本具有替代作用，也就是说我们可以通过其他手段来降低企业对人力的依赖程度，从而自然而然地降低人力成本。

从实践层面来看，国内已经有不少饭店企业在转变管理逻辑的基础上，通过运用新技术、优化服务流程、提升管理效率等方式实现了人力成本降低的"结果"，例如：运用移动互联网技术，使得预订、入住和结账能够通过移动终端快速完成；通过顾客数据收集与分析，为他们提供更有针对性的服务，而减少那些不必要的服务甚至实现顾客的"自主服务"；通过优化服务流程，减少冗余服务人员；等等。类似的创新在保证或提升用户体验的基础上降低了人员配比，从而降低了企业的人力成本，这才是人力成本管控的正确逻辑。

三、路径偏差：将成本压力转嫁给员工，而非其他

当饭店企业发现自己的经营成本过高时，自然就会去寻找能够降低成本的要素，很显然物业等固定资产很难轻易降低成本，而最容易见效的方式就是降低劳

动力这种短期和可变成本,那就是对员工群体"下刀子",方法无非就是降薪、裁员,或者采用流行的看似合理的"减员增效增薪"办法,似乎降低经营成本就等同于降低人力成本。

从管理的角度来看,造成以上情况的原因大致有三点:第一,我们本土饭店企业的低成本来源过于单一,当情况一旦变得复杂、低成本优势难以维持时,除人力成本之外,其他成本已经成为"拧干的毛巾",降低起来相对比较困难;第二,长期以来,良好的外部市场环境带来的既得优势使得很多饭店企业变得"不思进取",企业不太愿意投入更多精力进行产品升级和管理创新,既得优势反而成变革的包袱和阻力;第三,对于"减员增效增薪"的办法,很多饭店企业想当然地认为员工"不会算账",实际上员工们很明白,尽管多得到了一些薪酬,但实际上是"三个人干五个人的活儿",其本质还是在减少单位工作量的薪酬。

事实上,饭店企业管理者需要重新去研读波特的低成本战略,特别需要强调的是,波特提出的低成本战略的准确名称是"总成本领先战略",这包含了低成本来源多元化的问题。在最为著名的西南航空公司低成本战略案例中,我们需要注意的是,西南航空公司所奉行的是总成本领先战略,而非人力成本领先战略。西南航空的低成本主要来自运营的时间效率,就是尽可能提高设备使用率并尽可能节约乘客的时间,其次还来自诸多细节,如航线只设置国内短线、反复使用塑料的登机牌及不提供用餐服务等。而西南航空将员工视为公司最宝贵的资源,"赚钱,给每位员工提供稳定的工作"成为企业的目标之一,无论民航市场竞争如何激烈,西南航空也绝不会通过削减员工薪资来降低运营成本。类似地,丰田企业的总成本领先则来自对生产过程的不断创新和卓越的质量控制,基于这种全面管理,丰田可以从产品生产的任何一个环节降低成本,同样,丰田员工的收入也是不低的,良好的收入使得员工能够全身心地投入到对产品和生产过程的创新中去。

以上分析和对比告诉我们,低成本可以也应该产生于企业运营的各个环节,本土饭店企业应该培育更多、更全面的低成本来源,而不是盯着人力成本不放;相反,由于员工群体具有非凡的"群众的力量",提高人力资源效能反而是降低其他环节成本的关键所在。

四、结语

本文归纳并分析了本土饭店企业人力成本管控的认知、逻辑和路径偏差。笔者的分析或许存在"杞人忧天"之嫌,因为总的来看,随着对人本管理的呼唤和互联网时代的到来，很多本土饭店企业已经主动或被动地认识到并纠正了这些偏差，进而很好地应对了当前外部环境的种种挑战。但同时也应该看到，在本土饭店行业中，还是有不少企业在传统人力成本管控的思维上"渐行渐远"，本文正是要提醒它们现在是到了该做出转变的时候了。

总结来讲，在当前互联网时代和外部经济形势下，本土饭店企业的人力成本管控需要回归以下三个基本面：第一，回归对人力正确认知的基本面，即人力是企业所拥有的重要资源或资本而不仅仅是成本，企业要在"成本"与"资本"之间实现平衡；第二，回归对降低人力成本正确逻辑的基本面，即人力成本的降低是新技术运用、服务流程优化、管理效率提升等的结果，而非管控的手段，更不能简单地"为降成本而降成本"；第三，回归降低成本正确路径的基本面，即培育企业更加全面的低成本来源，注重通过提升人力资源效率来降低其他环节的成本。

互联网时代企业领导模式构建的基本面

李朋波

内容提要：互联网时代的到来给组织管理环境带来了巨大变化，传统的以企业和领导者为中心、自上而下驱动的领导模式已愈发难以奏效，如何构建出适应时代要求的领导模式成为领导研究和实践的一个重要命题。为此，本文提出了互联网时代企业领导模式构建的三个基本面，即创造用户价值、以员工为中心和员工自我领导，以期对当前企业的领导实践起到积极的启发性作用。

互联网时代是一个呼唤领导力的时代，对内外部环境极其复杂多变的工商企业而言，更是如此。一方面，企业所处的外部环境呈现出信息开放和用户主导的全新特征，快速掌握用户价值诉求并及时响应成为企业所要应对的首要问题和竞争优势的最终来源。因此，企业必须充分激发员工的积极性和主动性，使得员工和企业一道为用户创造价值。另一方面，组织内部也受到了复杂社会环境的影响，工作环境呈现出更加多样化的特征。具体而言，由于员工在目标、价值观、利益等方面的诉求存在差异，如何满足员工多样化的需要、激发员工工作动力，成为很多企业需要破解的难题。

事实是，在互联网时代到来之前很长的一段时期，作为一种能够影响员工为组织目标实现而持续努力的能力，领导力就一直被众多企业奉为一剂能够破解一系列组织管理难题的"良药"：20世纪末的一项统计研究表明，51%的美国企业都有自己的领导力开发项目；领导力在十多年前就被认为是影响中国企业未来发展的十大管理理念之一；当前企业界充斥了各种领导力开发的培训课程；不少企业投入了大量精力来提炼自己"专属的"领导模式；企业家们也热衷于在各种公开场合畅谈自己企业的领导模式……领导力受到重视乃至追捧的情况可见一斑。

然而，从现实情况来看，尽管有越来越多的企业重视对领导力的开发和对领导模式的构建，但企业领导效能不高的情况却异常突出：激励失效现象普遍，员工工作被动且积极性不高、员工群体缺乏活力和创造力，难以促使员工积极主动地为组织目标而努力；大企业病的问题不断滋生，企业中小团体主义、权力环节蔓生、信息传递受阻，运行效率和组织有效性水平不断降低等。这些情况促使人们开始反思传统领导模式存在的问题。领导的研究者和实践者们逐渐意识到，20世纪的传统领导模式基本是自上而下的官僚范式的产物，这些领导模式更适用于应对工业经济时代的技术性挑战，而不太适用于应对知识经济时代特有的适应性挑战，更谈不上适用于互联网时代。

这种对领导力开发和领导模式构建的"高投入"与领导效能"低产出"之间的巨大落差，使得企业管理者开始思考一个基本命题，即如何构建适合互联网时代特征的企业领导模式？每一家企业所处的情景不同，不同企业的领导模式也千差万别，但在各种模式的背后有一些基本面是具有共性的，也是我们需要深刻把握的。这些基本面建立在对互联网时代特征进行深入洞察的基础上，同时也建立在对传统领导力模式进行反思和批判的基础上。我们认为，只有把握和立足于这些基本面，企业才有可能构建出真正符合时代发展潮流的领导模式，从而获得较高的领导效能，进而培育其自身的竞争优势。总体来看，企业在互联网时代进行领导模式构建需要把握以下三个基本面。

基本面1：创造用户价值，领导模式构建的逻辑起点

领导力是一个与目标有着紧密联系的概念，构建任何一种领导模式的逻辑起点就是某个目标，领导模式中包含的所有内容最终是为了这个目标的实现，处在任何时代背景下的企业领导实践都是如此。但问题在于在互联网时代，企业应该将领导中的"目标"设于何处？或者说企业构建领导模式的逻辑起点在哪里？这是领导模式构建需要明确和正确认识的一个最基本问题。

在传统经济条件下，由于产品信息在企业和用户之间分布的不对称，用户很难在短时间内获取足够的信息来进行产品比较和消费决策，市场的主动权掌握在企业一方，用户被动接受企业产品或服务是当时的常态。在此情况下，能够看到很多企业设置的目标往往较少地考虑外部市场和用户价值，尽管不少企业也以德鲁克提出的"创造并满足用户需求"为宗旨，但由于企业在市场中的主导地位及由此带来的获利能力，这一宗旨常常只被当作"口号"。正因为此，尽管在传统领导模式中总能找到类似于"通过愿景唤起专注""共启愿景""建立并分享愿景"等字眼，但我们却几乎看不到"用户"或"用户价值"等字眼。企业在开展

领导实践时所提出的愿景或目标，体现的往往是企业或者是领导者个人的意志，却并不总是能够体现用户的价值诉求。这也正是很多企业看起来内部很团结一致却总是难以形成竞争优势的原因，即领导模式的逻辑起点出现了偏差。

如果说在之前一些不能快速并满足用户价值诉求的企业还能勉强获利生存的话，那么在当前的互联网时代背景下，这种"侥幸心理"则万万要不得。其原因就在于，企业和用户间信息不对称的状况得到了彻底改变，信息主动权正在由企业转向用户，用户拥有足够的信息掌握产品特点及价格，不断进行对比和议价，直到找到满足自己个性化需求的产品和服务。市场主动权掌握在了用户手里，"用户说了算"成为当下的"新常态"。在这种形势下，企业的竞争优势最终只能来自对用户需求的把握和对用户价值的创造贡献，也正因如此，企业构建领导模式的逻辑起点一定在也只能在用户一端。国内那些准确把握当前时代特征、具备了较高竞争力的企业已经充分证明了这个基本面的重要性。例如：海尔自主经营体管理模式中所强调的员工"从听命于上级，转向听命于用户""以用户为是，以自己为非"和"全员目标直接或间接地统一于用户价值"等；华为所强调的"客户需求是华为发展的原动力""成就客户就是成就我们自己"等；阿里巴巴所倡导的"客户第一，客户是衣食父母"的价值观念；等等。

管理大师德鲁克关于"企业有且只有营销和创新两大基本职能"的著名论断，正是基于"企业存在的唯一目的就是创造顾客"的逻辑起点提出的；国内管理学者陈春花曾强调过企业经营应回归基本面，其中首要的基本面就是"顾客价值"。那么以上的讨论告诉我们，对企业在互联网时代的领导模式构建而言，逻辑起点和首要的基本面也正是"创造用户价值"。

基本面2：以员工为中心，领导模式构建的基本途径

以组织和领导者为中心是传统领导模式的基本特征之一。领导活动往往被认为是领导者的"独角戏"，当一家企业取得了良好业绩时，人们总是习惯性地将目光聚焦于企业的领导者，由此也带来了众多知名战略家、企业家或领导者的崛起。相较于领导者的重要作用，企业员工在领导活动中的主观能动性却总被忽略，并处在被动接受领导者意志甚至"缺位"的状态，他们对企业发展发挥的巨大作用则常常被弱化。组织和领导者为中心的另一个重要证据就是，在现有的大多数研究领导力的书籍或文献中，大多数作者描述的是成功领导者的特质或行为，并希望找到卓越领导者身上的"成功密码"，或者是放之四海而皆准的行为模式，找到下属的身影则是一件较为困难的事。

领导是一项面向未来和应对不确定性的活动，在这一点上我们并不否认领导者，尤其是那些"站得高、看得远"的高层领导者对企业发展所发挥的重要作用。问题在于，当企业所处的外部环境不是那么复杂时，由几位领导者来判断环境特征并找到未来发展方向、由数量众多的员工来为既定目标而努力的领导模式并不会暴露其不足；而在外部环境极其复杂多变、市场和用户需求变化速度极快的情况下，传统的"少数人决策、多数人执行"的领导模式就"不合时宜"了，难以应对互联网和信息技术广泛运用所带来的挑战。

可以做出的一个基本判断是，互联网时代的企业经营管理必须紧紧依靠"群众的智慧"、调动"群众的力量"，对应于企业领导模式构建也是如此，即"以员工为中心"。做出这一判断有以下两点原因：第一，那些处在市场一线直接为用户提供产品和服务的员工们，能够更加直接和准确地把握用户需求及其变动，并快速对其做出反应；第二，传统领导模式中的领导者往往处在金字塔组织构架的顶端，与员工相比，他们很少有机会直接接触用户，因此也难以直接获取市场和用户需求变化的信息。在上文的基本面1中，我们已经明确了企业领导模式构建的逻辑起点在于创造用户价值。那么对企业内部成员的角色分工而言，既然普通员工更加贴近这个逻辑起点、更有可能为用户创造更多价值，换言之就是员工能够为企业发展贡献更多力量，那么企业在构建领导模式时就应打破传统的以组织和领导者为中心的状况，转而以员工为中心来确定构建思路。

将"以员工为中心"作为企业的口号并不难，难的是如何在企业的经营管理活动中真正体现并贯彻这一口号，这很可能需要管理者对企业现有的管理模式进行彻底变革、对领导者的角色定位进行"自我革命"等，而要实现这种变革将是充满阻力和挑战的。可喜的是，近些年来还是有一些企业在领导实践中走在了前列，树立起了领导模式变革的标杆，诸如华为、海尔等企业不仅提出了"让听得见炮声的人来决策""以奋斗者为本""人人都是CEO"等价值观念，而且还通过对企业"大刀阔斧"式的变革贯彻了这些价值观念，因而它们能够具备极高的领导效能和行业竞争力也就不足为奇了。

基本面3：员工自我领导，领导模式构建的理想结果

由于传统领导模式以组织和领导者为中心，所强调的是组织或领导者对员工的单向影响，领导力的产生是一个自上而下驱动的过程。而在互联网时代，企业普通员工尤其是一线员工更能够感知和把握用户需求的变动，这些信息将自下而

上地传递给决策层,进而实现产品和服务的优化乃至创新。需要注意的是,用户满足自己需求的诉求是强烈的,其等待的"耐心"也是有限的。如果企业无法在短时间内满足其诉求,用户理性的选择将是放弃等待并转向其他企业的产品或服务。对于掌握足够信息和消费主导权的用户而言,这将是一件再简单不过的事。

一方面,企业原先的领导者无法直接掌握用户需求信息,做出正确决策的概率将打折扣;另一方面,即便他们能够做出正确的决策,但信息的上传下达、产品和服务的提供等则需要耗费不少时间,创造用户价值的时效性将打折扣。那么企业拥有的一个更理想的选择是,赋予员工足够的权力并为他们配备足够的资源,让他们能够自主掌握用户需求变动、自主进行决策、自主开展创新活动并将创新后的产品和服务提供给用户。这正是一种让员工自己"发现并设定目标,并通过自身努力实现目标"的过程,即"自我领导"的过程。如此一来,一方面企业将大大降低信息获取、信息传递和决策失误的成本,提供产品或服务的时效性也将得到提升;另一方面由于员工获得了自主权,员工群体的工作积极性和群体活力也能够得到有效激发。

企业实现员工的自我领导也是一个重大变革的过程,在此过程中企业需要打消的首要疑虑是:员工是否有足够的能力和自律性进行自我领导?这涉及对员工的认识问题。需要注意的是,当前知识型员工已经逐渐成了很多企业的主体组成,他们大多有着较好的教育背景、较好的个人素质和较强的工作能力,对工作自主性和自我价值实现的诉求强烈,其所从事的工作也常常具有相对的独立性,这些决定了他们完全能够通过自我驱动设定并完成工作目标。

员工自我领导对企业提升领导效能的作用是巨大的。实现员工的自我领导后,企业将不再只有几位发挥领导职能的领导者,全员都将成为领导者,企业也将不再是某一位或几位领导者的企业,而成为"充满了领导者"的企业;同时,企业也将从之前的组织或领导者的"单中心"转变为"多中心",从"一处发光"发展成为"多处发光"或"处处发光",随之而来的企业领导效能提升也就"水到渠成""顺理成章"了。因此,对处在当前互联网时代背景下的企业而言,构建领导模式的理想结果就是实现企业全员的自我领导,上文中提到的海尔的"人人都是CEO"、华为的"让企业充满奋斗者"以及这些领导模式构建理念所带来的领导效能提升正是最好的证明。当然,企业在实现员工自我领导的同时,也要注意对员工设定目标和战略方向的控制,避免走向员工们"各自为政""杂乱无章"的另一个极端。

结语

中国古代的先哲们非常强调"时异事殊"和"因时制宜"的哲学思想，这些思想也为当前企业的领导模式构建提供了一个智慧启迪，那就是要深入把握互联网时代的基本特征，并据此构建出能够应对内外部环境挑战的领导模式，本文所提出的企业在互联网时代构建领导模式的三个基本面正是以此为依据的。其中：第一个基本面"创造用户价值"是领导模式构建的逻辑起点，它关注的是"方向"问题，是构建有效领导模式的前提；第二个基本面"以员工为中心"是领导模式构建的基本途径，关注的是创造用户价值的"手段"问题，即企业要充分重视员工的主观能动性并紧紧依靠员工的力量来实现创造用户价值的逻辑起点；第三个基本面"员工自我领导"是构建有效领导模式的理想结果，即让企业"充满领导者"，真正体现并实现对员工力量的依靠。

领导模式说到底仍然仅仅停留在企业开展领导实践的现象层面，而现象往往是错综复杂、形式多变的。但正所谓"万变不离其宗"，我们认为在互联网时代企业无论构建出何种领导模式，都要在对内外部环境进行正确分析和判断、对传统领导模式进行反思的基础上，把握住一些最根本的东西，这是构建有效领导模式的基础，而本文所提出的"创造用户价值""以员工为中心"和"员工自我领导"正是这样的基础。对于那些依然走在传统领导模式老路上的企业而言，如果希望更好地通过提升企业的领导效能来应对互联网时代的挑战，是到了通过把握这些基本面并对原有领导模式进行反思和变革的时候了。

共享经济中的人力资源管理：
看看Airbnb是怎么搞的

李朋波

内容提要：近几年来，各个领域纷纷出现了一股共享经济热潮，其中尤以Airbnb、Uber为典型代表，对整个社会带来了举足轻重的影响。而共享经济模式中人力资源呈现出"人员松散"的典型特征，企业与员工之间并非传统意义的雇佣与被雇佣关系，在此模式中的人力资源管理已经成了一个备受关注的热点议题。本文系统梳理了共享经济典范Airbnb在人力资源管理领域的成功经验，从甄选与招募、上岗与培训、考核与绩效、保障与激励四大方面加以总结和概括，为共享经济时代下人力资源管理提供实践参考。

一、问题的提出

近年来，以Airbnb、Uber等为代表的共享经济模式开始出现，并逐渐在全球范围内成为一种潮流。共享经济的全球市场规模在2014年已高达150亿美元，2025年将扩张到3350亿美元，年复合增长率高达36%。尽管共享经济近年才出现了爆发式的增长，但这种"共享"的理念实际上早已有之。自Web1.0时代以来，互联网从最初的代码共享、信息共享，逐渐演化成Web2.0时代的内容共享，例如Twitter、YouTube、微博、土豆等。如今，移动互联网技术的成熟发展和应用开启了共享经济时代，共享经济以不可抵挡之势渗透到了生活的每一个领域。

共享经济是指借助基于互联网技术的分享平台满足用户需求，实现闲置资源共享的一种经济模式。这种模式与传统资源投入—产出模式的本质区别在于，共享经济通过提高社会闲置资源的利用率来实现价值创造，即以一种经济、创新的方式开发了资源的使用价值，这对于整个社会而言是一场不可估量的突破性变革。共享经济模式中的三个主体分别是：提供闲置资源的资源提供者、对该闲置资源有需求的资源消费者，以及实现资源提供者与资源消费者对接的共享平台。共享经济的兴起得益于全民参与，其形态大致分可为两种类型：第一种是由大众充当资源提供者，例如最大的住宿提供者 Airbnb 没有房产，但却在全球拥有数千万的房东和房客；第二种是由大众和平台共同充当资源提供者，例如 ofo 校园单车共享平台，平台自行提供自行车并对加入平台的用户自行车进行改装，只要自行车当前处于闲置状态，任何用户都可以付费使用。

共享经济发展的前提是互联网技术，尤其是移动互联网技术的高度发展与应用。同时，共享经济的资源基础是社会闲置资源，这是共享经济的本质所在。闲置资源包括了人财物以及信息等各类资源，其闲置性决定了资源本身的经济成本已经成为沉没成本而可忽略不计，因此大大降低了资源消费者的支付价格；而且，闲置资源并非只能由单一个体或组织提供，而是来自整个社会群体，这也为共享经济模式在短短几年内发展出如此大的规模提供了必要的基础。同时，共享经济模式也对传统的雇佣式的人力资源管理提出了挑战，企业作为一个资源整合和共享平台，该如何管理处在极度松散状态的资源提供者或者说这种特殊的人力资源？

二、Airbnb案例分析

Airbnb 自 2008 年创立以来已经渗透到全球 190 个国家，在共享经济领域颇有建树，引领了全球的共享经济热潮。Airbnb 的成立起源于两位设计师创始人在艺术会展期间出租了自己的床垫，由此而产生了 Airbnb 的想法，意为 "Air Bed and Breakfast"，大多数人将其翻译为空中食宿。Airbnb 以寻找"归属感"（Belonging）为噱头，使旅者体验当地人的生活，并拥有独特的经历和体验。具体而言，就是通过互联网帮助用户预订闲置房间（多为民宿），打开闲置房源的供给端以满足潜力无限的房屋需求端，其房源数量与交易量已经开始媲美国际大酒店，成为住宿界异军突起的一匹黑马。这与 Airbnb 对其松散型人力资源的成功管理密切相关，以下将从甄选与招募、上岗与培训、考核与绩效、保障与激励四大方面对 Airbnb 进行深入剖析，为共享经济下人力资源的管理提供典范和借鉴意义。

1. 甄选与招募：海量的人力资源库与招聘标准

Airbnb 通过吸纳全球资源提供者进入该平台以实现全球范围的规模效应，形成一个"海量"的人力资源库。通过在全球的人力资源库中甄选和招募资源提供者，目前已经有 100 多万人通过 Airbnb 平台将自己的房子共享出去，在这些遍布于 190 个国家的将近 34 000 个城市中，已经有超过 2000 万人成为 Airbnb 的房客。面对如此海量的人力资源库，Airbnb 的雇员不可能依赖传统的甄选和招募程序对这些资源提供者进行层层选拔，而是在开放性的甄选过程中设置招聘标准，以标准化的甄选流程使资源提供者自主入驻平台。

Airbnb 设置的招聘标准包括身份验证以及房源限制等要求，进入 Airbnb 平台的房东需要扫描自己的正式身份证明（如身份证、驾照或护照等政府发放的证件）进行身份验证，从而获取已验证身份徽章，获取在 Airbnb 平台上发布房源的资格。同时，还需要进行个人资料验证程序，也就是绑定其他个人信息，比如手机号码、邮箱等联系信息。为了进一步解决房东与房客之间的信任问题，2011 年 Airbnb 接入 Facebook 账户。通过这项甄选程序，Airbnb 帮助房东进入平台，并与其他消费者建立联系，在决定接待房客或者入住房间时获取更多有价值的信息，既缓解了由信息不对称带来的信任问题，也提高了房东或房客不正当行为的犯错成本。此外，主打民宿市场的 Airbnb 不可避免地会对房源提出一些限制。Airbnb 平台上发布的房源仅限用于住宿用途，并且房东需要按照平台要求的标准流程对房源进行准确描述，一经发现用途非住宿的房源或信息不准确的房源，Airbnb 有权自行决定暂停、关闭或撤销该房东的账号。

2. 上岗与培训：标准化的平台服务

在共享经济时代，闲置资源的提供者直接面对市场，其服务品质的优劣直接决定了提供者本身的市场竞争力，因此其服务的驱动力来源于自身利益，在这个过程中，共享平台提供标准化的培训让提供者自主学习。Airbnb 官网上发布的标准化培训包括如何发布房源的上岗培训、如何更好提供资源的服务培训以及房东成功提供服务所需的资源，房东可以通过在官网上进行自主学习的方式来提高自身的竞争力。

在如何发布房源的上岗培训上，Airbnb 提供了六个简单步骤的标准化发布流程，并全程引导房东发布房源，尽量使这一流程标准化、简单化，从而降低房东的使用难度。此外，Airbnb 还提供了详细的成功出租十大窍门说明，为房东正确设置自己的房源提供建议。即使是房东发布房源之前，应该如何与邻居、业主协会等相关人员沟通有关 Airbnb 的事宜，也都在 Airbnb 为房东悉心考虑的范围内。

在如何更好提供资源的服务培训上，Airbnb 在好客之道、房东义务、居家安全方面为房东提供了全方位培训。为了推崇好客之道，Airbnb 提出了准确、沟通、房源状态、兑现承诺、清洁度、便利设施、欢迎、支持、评价这九大标准，并具体阐述了该如何达到这些标准，使得房东拥有明确的路径提供更高质的服务。

Airbnb 的高明之处不仅在于为房东指出了一条如何提升个人品牌的明确路径,还在于指出了遵循这条明确路径将得到什么。例如,在一个月内更新日历的房东比超过一个月才更新日历的房东获得预订的机会要高 70%;清洁度获得五星等级的房源收到的预订比其他房源要多出 20%。除了待客标准,Airbnb 还提供了一些详细建议使房东富有责任心,这些建议几乎涵盖了紧急情况处理程序、噪声、宠物问题、税务、许可与登记、保险等各个方面。此外,居家安全也是 Airbnb 尤为关注的一个方面。Airbnb 建议每一位房东在房源中安装烟雾和一氧化碳探测器,并定期进行检测。为了鼓励房东,Airbnb 在 2016 年免费为符合要求的前 25 000 名房东提供一台烟雾和一氧化碳探测器。对于用电安全、安全标准、危险区域等领域,Airbnb 也都面面俱到地提供了建议和帮助。

在为房东提供获取成功所需的资源上,Airbnb 帮助房东提供了出租管理服务。这些服务包括钥匙交接、清洁房源、房源页面设置等,这是由第三方公司所提供的服务,但并非 Airbnb 的关联公司。Airbnb 自身为房东和房客提供了 24 小时全天候的客户体验团队,一旦出现任何问题能够随时与 Airbnb 取得联系。Airbnb 在这些细节上做到了极致,事无巨细地针对房东可能遇到的问题进行了周全的考虑并提供了相应的措施。

3. 考核与绩效:基于互评机制的市场结算关系

传统企业通常会定期进行绩效考核以衡量员工工作的成效,以此为依据对员工的薪酬和激励进行调整。Airbnb 同样也需要对房东进行绩效考核,但不同的是考核的实施者并非 Airbnb,而是房东直接面对的房客,Airbnb 通过建立一套互评机制使考核随时随地动态进行,并以此为基础完成平台、房东和房客三方之间的市场化结算。

Airbnb 互评机制的独到之处在于打破传统的用户对服务者进行评价、服务者被动接受的机制,而是采用了双向约束,即房客可对房东进行评价,房东也可对房客进行评价(包括撰写评价和星级评分)。事实上,Airbnb 平台上房东与房客双方的信息不对称都可能给双方带来潜在风险,因此,这种双向约束的机制一改服务提供者一直以来"百依百顺"的刻板印象,使得房东也拥有与房客同等的权利,可以选择入住的房客,这也激发了房东提供更优质服务的动力。另外,对于此项互评机制,Airbnb 也并非放之任之的态度,而是悉心呵护 Airbnb 社区的信誉,一旦房东或房客出现了过多恶评,Airbnb 有权将他们驱逐出局,以阻止恶意行为的进一步扩散。

基于双向互评机制,房东为房客提供房源而收取服务费,Airbnb 平台为房东和房客搭建平台而收取服务费（见图1），Airbnb 平台、房客、房东三方之间实现了市场化结算。到 2016 年底，出租两套及以内房源的房东的收入达到 Airbnb 总收入的 93% 左右。房东自主设置房源价格，在提供服务之后房客根据事先的交易约定支付房费并做出评价，评价将影响房东下一次房源的交易机会和交易价格。而 Airbnb 平台的收入则取决于房源交易的频率和价格，包括房客服务费（6%~12% 的房客付款）和房东服务费（3% 的房东收款）。Airbnb 以基于互评机制的市场化结算维系与房东（资源提供者）、房客（资源消费者）的关系，这种房东个人绩效与市场竞争力直接挂钩的透明机制有效地激发了房东的积极主动性，有助于房东提供更加优质的服务，促进三方共赢局面的实现。

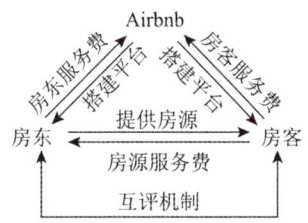

图1　Airbnb基于互评机制的市场结算关系

4. 保障与激励：房东保障金/保险金计划

限制共享经济发展的一大阻力在于陌生人之间的信任与安全问题。这一问题也同样困扰着 Airbnb，一些意外事故的发生使得 Airbnb 在保留资源提供者方面面临着严峻挑战。自 Airbnb 成立至今，不少媒体报道房客在房屋内狂欢、嫖娼甚至是做出盗窃行为。其中也不乏一些意外事故的发生，Airbnb 一位房客在得克萨斯州别墅中荡秋千被树干意外砸死的新闻轰动一时，无论是房东还是房客，都对这种缺乏保障和安全意识的模式提出了质疑。

Airbnb 致力于营造安全与值得信任的全球社区，充分理解房东需要 Airbnb 的保护，并为此付出了实际行动。Airbnb 为房东提供了高达 100 万美元的房东保障金计划和房东保障险计划，这是任何共享经济平台无法比拟的。在房东保障金计划内，如果是房客住宿所导致的房源损坏，房东可获得最高 100 万美元的损坏赔偿，但其保障范围不包括房屋内的现金、珠宝、珍稀收藏品与艺术品等。在房东保障险计划内，如果 Airbnb 预定房源的住宿人员在租借过程中发生与住宿相关的人身伤害或财产损失，可获得高达 100 万美元的赔偿。房东保障金计划与房东保障险计划的本质区别在于前者并不是保险，而后者是保险。Airbnb 提供的这些保障很大程度上缓解了房东的后顾之忧,使其能够更加专注于如何更好地提供服务。

Airbnb 为这些房东,即资源提供者提供的最大激励来源于共享经济本身——提高闲置资源的利用率以获取额外收入。毋庸置疑,房东通过出租其闲置的房屋而获得的额外经济收入是最大的物质激励,最快 24 小时以内即可到账的即时激励也使得物质激励的效果扩大。除此之外,Airbnb 平台还以其独特的业务属性为房东提供了精神激励。面对全球开放的 Airbnb,来自 190 个国家的房东迎来了各具特色的旅行者,为房客带来了不同寻常的旅行经历和难忘的回忆,在获得收入的同时房东还能结识到来自世界各地的朋友,这种独一无二的精神激励也成了 Airbnb 为资源提供者创造的一种激励。

三、讨论与结论

本文选取共享经济领域的先驱 Airbnb 为研究对象,从甄选与招募、上岗与培训、考核与绩效、保障与激励四方面对 Airbnb 进行深刻剖析。整体来看,本文得出以下四个结论:第一,在甄选与招募方面,面对海量的人力资源库,对资源提供者的选拔需要依赖于平台设置标准化的选拔标准,进行严格的身份验证审查以及获取尽量多的信息,降低信息不对称程度;第二,在上岗与培训方面,提供标准化的平台服务,提供达成目标的明确路径及其成效,促使资源提供者更主动地进行自主学习和培训;第三,在考核与绩效方面,建立一套双向约束的互评机制,并以此为基础形成平台、资源提供者、资源消费者三方的市场化结算关系,有效激发资源提供者的积极主动性;第四,在保障与激励方面,尽可能提供一系列保障计划来缓解安全与信任问题,解决资源提供者的后顾之忧,同时提供即时物质激励和独特的精神激励来留住资源提供者。

共享经济时代为整个社会创造效益的同时,也给传统的人力资源管理带来了新的挑战。尽管 Airbnb 在共享经济领域已经堪称成功的典范,但在实践发展过程中,仍然可能会出现一些潜在的严重问题,主要是涉及共享经济尤为关注的安全与信任问题、松散型人力资源的监管。如今的 Airbnb 已经发展成为横跨 190 个国家 34 000 个城市,超过 2000 万人参与其中的平台,这些参与者的覆盖面如此广泛,背景如此复杂,一旦有任何严重的安全或信任问题发生,将辐射到整个 Airbnb 甚至导致整个共享经济模式的崩溃。

共享经济本身作为一种新兴的经济模式,在短期发展的过程中仍然有可能爆发某些潜在问题,模式本身也还处于不断的变化中,但目前仍有一些问题值得关注。第一，关于资源提供者的进入与监管问题。除了目前普遍存在的身份验证、信息绑定等形式，还应该针对具体的业务属性对资源提供者设置进入门槛，如何设置进入门槛也是未来共享经济需要进一步解决的重要问题。另外，针对已经进入市场的资源提供者，应该如何监管？目前仍然缺乏一套强有力的监管体系和法律体系加以保障，在如何提高资源提供者或资源消费者发生恶意行为和犯罪行为的成本上也缺乏一些举措。第二，关于资源提供者的应急能力等问题。仍然以Airbnb为例，为进一步提高房东应对意外情况的能力，目前的培训以房东的自主学习为主要方式，如何考核这些房东是否已经通过培训以及具备这方面的资质还需要进一步的措施。尽管房东如何应对意外情况的能力属于房东自身素质的提高，并非Airbnb应该承担的责任，但为房客提供独特的体验、打造值得信赖的资源共享平台却是Airbnb不可推卸的责任，因此，进一步对半雇佣的人力资源提供培训，提高其整体素质和道德意识也是实现共享经济下人力资源管理优化的一种途径。

社会旅馆企业最需要什么培训课程？

李朋波

内容提要： 以2016年实施的北京市社会旅馆从业人员素质提升工程为例，详细阐述了该项目确定培训课程体系的主要思路、调研过程、主要结果等，并简要报告了培训课程在实施过程中获得的评价。本研究对基于行业层面的饭店从业人员培训需求与课程体系设计具有启发和借鉴作用，有助于从行业与社会培训有效性的角度提升从业人员素质。

一、研究背景

作为劳动密集型行业的典型代表，饭店企业的持续发展和竞争力获取最终依靠的是员工群体在服务顾客过程中的价值创造，饭店企业的可持续发展离不开一支高素质的人才队伍。从现实情况来看，饭店企业却长期面临着高层次、高素质人才匮乏的状况。从宏观经济数据来看，近年来我国GDP增速持续放缓、经济下行压力持续加大，这种宏观经济环境对饭店企业的经营效益造成了一定影响，饭店企业面临着市场环境不振、经营成本压力持续加大的难题，并造成了难以吸引到优秀人才的局面。从我国劳动力市场的状况来看，人口老龄化问题出现、低龄劳动人口受教育年限延长，劳动力供给将呈现负增长的态势，饭店企业势必会出现较大的人力资源缺口。在此背景下，如何通过人力资源开发来获得企业发展所需的人力资本及其效能，是饭店企业管理的一个重要议题。

在饭店企业的人力资源开发方面，一种思路是基于"来源"的角度，通过招聘获取或补充企业所需要的人力资源，另一种思路则是基于"发展"的角度，通过对员工进行培训，不增加人力资源数量而提升现有人力资源素质。针对当前饭店行业面临着的吸引力不高的情况，后一种思路是更加重要的方式。从培训提供方的划分来看，最主要的是来自企业自身的员工培训，除此之外，还包括政府部门、行业协会等其他机构或组织为企业提供的培训项目，此类培训项目往往旨在在一定地区范围内提升某个行业从业人员的整体素质水平。对后一种培训提供而言，由于其涉及的面较之于企业自身的内部培训广、社会影响力更为显著，因此如何通过科学合理的调研流程来确定某个地区某个行业整体的培训需求并以此来确定培训课题体系，是此类培训取得预期效果的开端和关键所在。

本文以2016年北京市旅游委为东城区和石景山区约700家社会旅馆提供的从业人员素质提升工程为例，阐述了该项目确定培训课程体系的思路、过程、结果、实施效果等内容，以期为行业层面的培训需求确定和培训课程体系设计起到启发性和借鉴性作用。

二、研究方法

为保证调研和分析结果的准确性，研究采用定性的深度访谈和定量的问卷调查分两个阶段开展。在深度访谈阶段，研究团队在东城区和石景山区分别组织一次深度访谈，邀请一定数量的具有代表性的社会旅馆企业的负责人作为访谈对象，之后通过对访谈记录文本的分析得出了这些社会旅馆在日常经营管理中亟待解决的主要问题，以及基于这些问题的培训课程需求；在问卷调研阶段，研究团队以深度访谈阶段的结果为基础设计了调查问卷，并在所有参加此项培训项目的约700位社会旅馆的主要负责人中发放和回收问卷，通过对问卷数据的统计、整理和分析，最终确定了这些社会旅馆对培训课程的需求。

（一）阶段1：通过深度访谈确定初步的培训需求

1. 访谈提纲设计

访谈提纲主要包括以下2个题目：①目前您的企业在日常经营管理中面临的主要问题有哪些？②目前您的企业最需要政府等外部机构提供的培训课程有哪些？

2. 访谈和文本处理过程

研究团队在开展访谈前，将以上访谈提纲通过相关途径下发给预访谈的社会旅馆负责人，共包括14位社会旅馆负责人，其中东城区8位、石景山区6位。研究团队于2015年12月分别赴两区开展正式访谈。访谈采用的是集体研讨的形式，首先请每位访谈对象依次回答访谈提纲中的三个问题，研究团队成员在其回答问题过程中根据出现的一些要点进行追加提问，访谈主要采用录音的形式进行记录，同时研究团队成员也记下要点。在东城区的访谈进行了约3小时，在石景山的访谈约进行 2.5 小时,最终共获得 5.5 小时的访谈录音和大约 1.5 万字的访谈笔记。

3. 访谈结果

总体来看,东城区的 8 位社会旅馆负责人希望在以下 8 个主题得到培训支持:①酒店经营和员工服务过程中的法律法规(规避)问题;②酒店店长及中层管理者的综合能力(管理、领导等)提升;③酒店中层管理者的销售、运营等实战指导;④酒店中层管理者和一线员工的职业发展规划、职业素养和职业道德;⑤酒店一线员工的情绪管理;⑥酒店基层员工团队合作意识的培养;⑦酒店基层员工的仪容仪表;⑧酒店服务常用英语(针对酒店英语等级考试的辅导教案)。

石景山区的 6 位社会旅馆负责人希望在以下 12 个主题得到培训支持:①酒店行业发展趋势分析和前沿经营理念;②同行酒店企业成功经营管理经验分享;③酒店的销售与收益管理;④酒店员工的安全教育和安全意识培养;⑤服务过程中顾客突发事件(滑倒、丢失物品、酗酒等)的规避和处理;⑥酒店中层管理者的执行力和领导能力培养;⑦酒店一线员工的情绪管理、情绪疏导与心理健康;⑧酒店一线员工的职业道德、职业素养、责任心、工作积极性等;⑨酒店一线员工的激励问题;⑩酒店老年员工的管理问题;⑪酒店的节能减排措施与经验;⑫酒店防偷盗和防骗术经验。

(二)阶段 2:通过调查问卷确定最终的培训需求

1. 调查问卷设计

以阶段 1 得出的课程需求结果为基础,设计了详细的调查问卷。首先,将深度访谈得出的所有课程需求进行了归纳整理,共得出 27 门课程;之后对这 27 门课程进行了进一步划分,将它们划分为"安全生产和法律法规类""产业发展与经营管理趋势类""中高层管理者素质能力提升类""一线员工素质能力提升类"和"其他课程"五大类(见表 1)。

表 1　本研究调查问卷中包含的课程分类和具体课程名称

课程大类	课程名称
安全生产和法律法规类	1. 安全生产标准化与应急预案制定
	2. 员工的安全教育和安全意识培养
	3. 经营管理中的法律风险规避与管控

续表

课程大类	课程名称
产业发展与经营管理趋势类	1.国内外酒店业发展现状与趋势
	2.本区域旅游发展规划与住宿业发展
	3.经济型酒店发展趋势与管理实践
	4.经济型酒店管理案例分析
	5.主题酒店开发与管理
	6.主题酒店案例分析
	7.本区域同行酒店企业成功经营管理经验分享
中高层管理者素质能力提升类	1.酒店中高层管理人员领导能力提升
	2.酒店的销售与收益管理
	3.酒店中层管理者的销售和运营等实战指导
	4.酒店一线员工的有效激励
	5.酒店老年员工的管理问题
一线员工素质能力提升类	1.酒店一线员工的情绪管理、疏导与心理健康
	2.酒店一线员工的职业道德与职业素养
	3.酒店一线员工的工作积极性激发
	4.酒店一线员工的仪容仪表
	5.服务礼仪与酒店基本服务规范
	6.服务伦理与商业道德
	7.各工种与岗位的服务标准与实训
	8.服务过程中与顾客纠纷的规避和处理
	9.酒店防偷盗和防骗经验
其他课程	1.北京人家评定新标准及经营管理
	2.北京传统文化与特色餐饮产品开发
	3.酒店的节能减排措施与经验

调查问卷整体划分为两部分。第一部分为基本信息填写，要求被调查对象填写"姓名""目前担任的职务或工作岗位""联系电话""电子邮箱""所在企业名

称""所在门店的员工人数与房间数"等基本信息。第二部分为课程需求调查部分,按照五大类罗列了所有的培训课程,请被调研对象按照需求程度对每门课程进行打分。从5分到1分需求程度逐渐降低,各数值代表含义参考:5. 非常需要;4. 较为需要;3. 一般需要;2. 不太需要;1. 不需要。

2. 问卷调查结果

问卷设计完成后,研究团队在全体参训社会旅馆主要负责人在场的项目启动仪式当天,组织了问卷的发放和回收工作,共计发放问卷700份,回收问卷550份,剔除掉填写不完整等无效问卷,最终得到有效问卷共计360份。研究团队对这360份有效问卷进行了统计分析,统计分析采用计算平均分的形式进行,按照每门课程在需求程度上的平均分进行排名,排名分为两个,一是为27门课程的需求强度排名,二是为每类课程组内各门课程的需求强度排名。按照表1中的分类与次序,最终的统计分析结果见表2。

表2 本研究调查问卷的数据分析结果

课程大类	课程名称	得分	总排名	组内排名
安全生产和法律法规类	1.安全生产标准化与应急预案制定	3.92	11	3
	2.员工的安全教育和安全意识培养	4.05	3	2
	3.经营管理中的法律风险规避与管控	4.09	2	1
产业发展与经营管理趋势类	1.国内外酒店业发展现状与趋势	3.49	23	5
	2.本区域旅游发展规划与住宿业发展	3.82	16	2
	3.经济型酒店发展趋势与管理实践	3.78	17	3
	4.经济型酒店管理案例分析	3.72	20	4
	5.主题酒店开发与管理	3.48	24	6
	6.主题酒店案例分析	3.45	25	7
	7.本区域同行酒店企业成功经营管理经验分享	3.86	15	1
中高层管理者素质能力提升类	1.酒店中高层管理人员领导能力提升	4.01	5	1
	2.酒店的销售与收益管理	3.95	10	3
	3.酒店中层管理者的销售和运营等实战指导	3.88	12	4
	4.酒店一线员工的有效激励	4.00	6	2
	5.酒店老年员工的管理问题	3.54	22	5

续表

课程大类	课程名称	得分	总排名	组内排名
一线员工素质能力提升类	1.酒店一线员工的情绪管理、疏导与心理健康	4.02	4	2
	2.酒店一线员工的职业道德与职业素养	3.98	8	4
	3.酒店一线员工的工作积极性激发	4.11	1	1
	4.酒店一线员工的仪容仪表	3.75	18	8
	5.服务礼仪与酒店基本服务规范	3.82	15	7
	6.服务伦理与商业道德	3.73	19	9
	7.各工种与岗位的服务标准与实训	3.83	13	6
	8.服务过程中与顾客纠纷的规避和处理	3.99	7	3
	9.酒店防偷盗和防骗经验	3.96	9	5
其他课程	1.北京人家评定新标准及经营管理	3.29	26	2
	2.北京传统文化与特色餐饮产品开发	3.16	27	3
	3.酒店的节能减排措施与经验	3.65	21	1

五个课程大类中，每类排名第一的如下：经营管理中的法律风险规避与管控、本区域同行酒店企业成功经营管理经验分享、酒店中高层管理人员领导能力提升、酒店一线员工的工作积极性激发、酒店的节能减排措施与经验。

三、培训课程体系设计及其实施评价

（一）课程设计原则

培训提供方和研究团队经过深入分析，提出六项课程选择与确定的原则：①企业急需原则（基本原则），例如酒店一线员工的情绪管理、疏导与心理健康，中高层管理者的领导力提升等，这些课程在表2的分析结果中均为企业需求强度排名靠前的课程。②社会责任原则，即企业参加此类课程培训能够更好地履行社会责任，例如安全生产标准化与应急预案制定，员工的安全教育和安全意识培养、食品安全与健康等。③区域结合原则，即课程体系中应包含培训实施的区域自身发展情况的内容，例如东城区旅游发展规划与住宿业发展、石景山区旅游发展规划与住宿业发展。④优势发挥原则，即充分发挥培训实施方的培训特长和优势，例如经济型酒店发展趋势与管理实践，经济型酒店经营管理创新案例分析

等。⑤长期传播原则（网络课程），例如员工的安全教育和安全意识培养，饭店服务常用英语，服务礼仪与酒店基本服务规范。⑥参与分享原则，即在授课专家方面体现同行酒店企业管理者的特点，例如同行酒店企业成功经营管理经验分享，酒店防偷盗和防骗经验。基于以上六项原则，对27门课程进行了选择和整合，得出了最终的培训课程体系。

（二）最终培训课程体系

现场培训课程包括如下12门课程：①住宿业安全生产标准化与应急管理；②北京市社会旅馆业发展思路与关键问题；③东城区/石景山区旅游发展规划与住宿业发展；④饭店企业经营与服务中的法律风险规避与管控；⑤经济型酒店发展趋势与管理实践；⑥经济型酒店经营管理创新案例分析；⑦酒店中高层管理人员领导能力提升（含一线员工的有效激励问题）；⑧酒店一线员工的情绪管理、疏导与心理健康；⑨服务过程中与顾客纠纷的规避和处理；⑩酒店的销售与收益管理及实战指导；⑪同行酒店企业成功经营管理经验分享1；⑫同行酒店企业成功经营管理经验分享2。

网络在线培训课程包括如下6门课程：①员工的安全教育和安全意识培养；②服务礼仪与酒店基本服务规范；③各工种与岗位的服务标准；④酒店的节能减排措施与经验；⑤饭店服务常用英语；⑥营养与食品安全。

四、项目实施评价

（一）现场培训课程实施评价结果

为了对培训课程实施效果进行监测，为后续全面推广提供优化依据，研究团队设计了培训课程实施评价问卷，在每门课程培训现场进行发放和回收，之后对评价结果进行整理与分析。评价问卷测量了参训社会旅馆主要负责人在15个方面（见表3）对培训课程实施情况的评价；调查问卷按照五级量表形式进行设计，从5到1满意程度逐渐降低。整体来看，参训社会旅馆负责人对本项目培训课程的实施给予了较高的评价。

表3 培训课程实施评价结果

序号	评价维度	东城区平均得分	石景山区平均得分	总平均得分
1	培训时间安排较为合理	4.67	4.81	4.69
2	对培训场所基本满意	4.71	4.67	4.70

续表

序号	评价维度	东城区平均得分	石景山区平均得分	总平均得分
3	课程内容紧扣培训主题	4.45	4.49	4.46
4	准备充足、内容充实、逻辑清楚	4.78	4.74	4.77
5	培训内容与你的期望较为符合	4.45	4.47	4.45
6	能够提供贴合实际的案例	4.61	4.57	4.60
7	讲师专业基础扎实，知识面广	4.78	4.73	4.76
8	讲师对课程的内容表达清晰明了	4.56	4.45	4.53
9	讲师讲的内容易于理解	4.58	4.61	4.59
10	讲师激发了我学习本课程的兴趣	4.34	4.41	4.36
11	能对参训者的疑问做出专业解答	4.51	4.49	4.51
12	通过本课程获得了适用的新知识	4.38	4.36	4.38
13	通过课程拓宽了知识面或新思路	4.46	4.38	4.44
14	课程对工作的启发性较大	4.37	4.41	4.38
15	课程知识能够应用于实际工作中	4.56	4.49	4.55

（二）培训项目实施后取得的良好效果

本项目的实施取得了预期的效果，主要包括以下四个方面：①提高了社会旅馆从业人员的基本素质，为北京市社会旅馆整体水平的提升发挥了积极作用；②提高了参训社会旅馆企业的核心竞争力和持续发展能力，有助于推动北京市住宿业的持续发展；③项目开展促进了参训社会旅馆企业之间的沟通交流，在北京市住宿业中营造出互通有无、持续学习的良好氛围；④将参训社会旅馆企业从之前零散的状态转变为目前较为整合的状态，为北京市加强住宿业的监督管理建立了重要基础。

五、研究启示

本研究结果对类似的饭店行业培训具有启发和借鉴价值，在北京市乃至全国范围开展类似培训项目时可参考本文的研究流程和课程设计体系。对基于行业层面的培训课程设计而言，本研究也能够带来如下启发：①在选择和整合培训课程时，需要充分考虑行业层面培训的特点，充分考虑培训项目多个利益相关者的诉求,确定课程选择和整合的原则;②应注意对授课方式的选择,有些课程适合采用现场培训的方式进行,而有些课程则适合采用在线培训等能够长期、广泛传播的方式展开,因而需要根据课程特点合理确定授课方式;③应加强对课程实施过程和实施效果的监测,以保证培训项目能够取得预期的效果。

让"鞋"适应"脚":饭店企业"90后"员工管理与保留的基本逻辑

李朋波

内容提要: 饭店企业要想真正管理好和保留住"90后"员工,需要重新回归权变管理的思想,在一定程度上改变现有管理模式的"鞋",去适应"90后"员工群体特征的"脚"。

大凡有过管理学学习经历的人都知道"权变管理"这样一个著名的理论,其基本观点是,在管理实践中要根据组织所处的环境和内部条件的发展变化随机应变。基于该理论观点,管理实践者和研究者开始意识到没有一成不变的管理模式,某种管理模式是否有效取决于它能否真正适应或匹配于组织的内外部情境。实际上,权变的管理思想在中国传统文化智慧中早已有之,正所谓"时移则势异,势异则情变,情变则法不同",情境不同,管理模式自然要进行变革。

在决定管理模式有效与否的情境因素中,员工群体的特征显然是最重要的一个,原因很简单,因为在管理职能中最主要的、最难的就是对人的管理。依据权变管理的观点,员工群体及其特征不同,管理方式也应不同。例如,管理车间里需要保证产品生产质量的工人和管理需要有高涨创作激情的设计师,也必须采用不同的管理方式。那么,笔者在这里想探讨的问题是,当我们的饭店企业想要管理好和保留住"90后"新生代员工时,究竟该怎么做?

按照上面铺垫的理论和思想,这个问题似乎是不需要探讨的,答案就摆在那里,但实际上却远非如此,原因在于"做到"比"知道"要难太多。从这个角度和普遍情况来看,饭店企业与其他行业相比,其本身的变革意识和变革能力是较低的,当以互联网为代表的科技行业早已针对新生代员工特征完成管理变革并形成新型文化时,饭店行业才开始真正意识到这是一个必须去面对和解决的问题。造成这种情况的原因是复杂的,有些甚至是"讳莫如深"的,不管原因有多复杂，我们总是用一句"这个行业比较传统"搪塞过去。实际上，这种搪塞是毫无意义的，因为"90后"员工在进入或离开某个行业时，其选择一般而言一定是理性的，要么是因为发现这个行业或企业不适合自己了，要么就是在其他行业或企业找到了更合自己"脚"的"鞋"。

因此，饭店企业要想真正管理好和保留住"90后"员工，需要重新回归权变管理的思想，在一定程度上改变现有管理模式的"鞋"，去适应"90后"员工群体特征的"脚"。那么，该如何变革呢？以下三个方面可能会带来一些积极的启发。

（1）把握大势和潮流，饭店企业面对的实际上不仅是"90后"员工，还有这些员工背后的互联网时代的社会文化。也有一些非常"传统"的酒店企业管理者认为，为什么非得因为"90后"新生员工比例不断增加而改变管理模式？不用"90后"员工不就好了么？"适应者留、不适应者离开"不是挺好的么？实际上，构建管理模式有时需要跳出眼前的情境，从更高的层面看问题，我们强调饭店企业需要做出管理变革，不仅仅是因为企业需要面对具有鲜明性格特征、自我中心倾向明显、自我实现追求强烈的"90后"员工，而是因为这些"90后"员工在员工队伍中的崛起代表着一个新的时代的到来。这个新的互联网时代有着完全不同于以往时代的社会文化，饭店企业需要通过管理模式变革来真正适应这种"无处不在""无孔不入"和"无法逃避"的社会文化。

（2）把握管理模式变革的"正能量"逻辑，管理模式并不是因为"90后"的崛起而被动变革，也不是要控制住"90后"员工，而是要构建出能够充分利用"90后"员工优势、激发他们创造力的管理模式。在一些饭店企业调研时，总能听到一些管理者对"90后"员工的个性特征和种种行为表示不满，最常见的表达就是"现在的年轻人问题太多了，不好管"。如果是出于这种要将"90后"员工"管住"的逻辑来构建管理模式，想必即便构建出来也不会很好地激发他们的工作激情。而更加合适的逻辑应该是，"90后"员工身上有很多值得欣赏的地方，如果能用得好、用得对，他们就能够为企业创造巨大的价值。因此，如果一家饭店企业真的要变革管理模式以适应"90后"的特征，就必须先将他们看作企业最为宝贵的、最具挖掘价值的"富矿"，在此基础上再来思考究竟怎样的管理模式能够充分体现他们的优势、激发他们的工作激情。

（3）进行全方位和系统性变革，管理者、管理制度和企业文化需要协同作用，构建出能够吸引来、激励好和保留住"90后"员工的管理体系。一家企业要变革管理模式，首先其管理者要变革自己，这也是管理得以变革并真正取得实效的至关重要的基础，也是最难的步骤。我们常常见到一些管理者觉得自己在不断适应潮流，但在面对失去对员工的控制力、员工快速成长、涉及自己的利益受损时，往往很难真正"舍得出""放得下"。在这种情况下，管理模式的变革基本是形式主义，即便是变革了要么还得变回去，要么新的管理模式会被搁置起来。同时，在构建适合"90后"员工群体的管理模式时，管理制度是核心，没有什么比好的制度更加能够成就人，而企业文化则是同样重要的内容，在企业内部形成能够激发"90后"工作激情的文化氛围，使得员工在不需要他人或制度监督的情况下能够自我管理、自我激励，将是更高层次、更加高明、更为有效的管理方式。

最后，需要着重阐述和说明的是，让管理模式的"鞋"去适应"90后"员工群体特征的"脚"并不是没有限度的，企业毕竟是一个具有自身发展目标的机构，不可能也不需要适应所有的员工，在大趋势和大思路适应"90后"员工群体特征的同时，必不可少的"控制"和"纪律"则是更加重要的，只有"严格的控制＋充分的自主"才能够在激发"90后"员工群体积极性的同时保证企业共同利益的获得。

打造酒店职业社会化用工平台的思考

王 俞

内容提要： 解决酒店业人力资源现有困境，呼唤创新意识、联盟意识与更宽的胸怀和格局。不同酒店间除了竞争关系更要有合作。终身效忠于一家酒店或一个集团的员工将越来越少，酒店应变革工作设计，增强人力资源管理的灵活度，做好迎接互联网时代人才变革的准备。

"互联网＋"时代下的中国酒店业既蕴藏着巨大的市场潜力也面临着非常激烈的竞争，其中之一就是人才竞争。技术的更新、创新型经济的兴起以及跨行业人才市场的流动使劳动者对工作有了新的理解和需求，包括职业满足感、自由度、家庭与工作平衡度等。这些时代特征都呼唤创新的用工方式。如何满足新时代酒店员工对工作的期望，有效地调动员工的工作积极性，提高管理效率，同时合理地降低人力成本是酒店经营者们一直思考的问题。由北京市旅游行业协会饭店分会发起，北京互联维高科技有限公司联合建设的"快乐e工"平台不失为解决上述问题的一个积极有效的尝试。

于2016年8月启动的"快乐e工"平台以调动社会资源、发挥行业互助、尊重员工的专业性和自主性为基础，增强了区域性酒店人才市场资源的流动性和分配合理性。"快乐e工"平台的创新性不只是互联网技术带来的信息交互便捷性、用人及结算方式的新颖性，更体现在这一平台形成的行业"联盟"资源优势。通过集合一定地理空间区域内的酒店，联盟变单个酒店的用工需求和某些岗位、个别员工的可利用闲暇时间为酒店用工需求集合、多样化的备选工作和备选人员；在提高资源对接效率的同时还在工作时间、数量、内容、地点和薪资等方面增强了联盟内酒店的工作弹性，从不同程度上满足了新时代员工对工作新鲜感、自由度、社交化及更高收入的追求；赋予员工更多的自由时间来平衡工作和家庭的关系，使酒店业并非"早九晚五"的工作时间变得更为人性化；联盟内的信用评价机制有利于帮助优秀个人找到更多的交流学习机会，从而更快搭建其个人的职业发展阶梯，还有利于筛选和传播良好的酒店用人单位和工作方法，促进行业良性竞争和整体水平提高；从社会发展的长远方面考虑，待平台搭建起的弹性用工体系成熟后，可以在将来以更灵活、更人性化的方式来最大限度地减少企业裁员，改善地区就业情况，成为行业劳动力市场的调节器。

"快乐 e 工"平台目前还在探索阶段，还有很多需要进一步完善或解决的问题。然而，可以预见，随着中国经济结构战略性的调整，尤其是创新型服务业比例的增高，劳动力跨地区、跨行业、跨企业流动必然增大，酒店业作为传统服务业面临的劳动力短缺压力将增强。如果酒店业仍然采取传统的人事管理方式闭门自守，强调单体酒店内部管理之力而忽视社会资源利用，或重使用而轻开发，或不能与时俱进，则无法满足新时代员工对工作提出的要求，进而加剧酒店业劳动力供求矛盾。换言之，解决酒店业人力资源现有困境，呼唤创新意识、联盟意识和更宽的胸怀和格局。不同酒店间除了竞争关系更要有合作。终身效忠于一家酒店或一个集团的员工将越来越少，酒店应变革工作设计，增强人力资源管理的灵活度，做好迎接互联网时代人才变革的准备。

饭店业的社会贡献：为农民进城务工提供专业平台

李朋波

内容提要： 如果认同并更加看重饭店业将大量农民工有效地转变为城市工的社会贡献，那么在当前行业不太景气、吸引力不高、宏观政策不利等环境下，整个行业企业、相关协会、政府主管部门就需要更多地从该社会贡献的角度入手：在认识上重新评价饭店行业在经济社会发展中起到的更为重要的作用是什么，让全社会去了解并清楚饭店业重要的价值是什么，让政策制定机构认识到饭店行业发展究竟具有怎样的意义等。

管理大师彼得·德鲁克曾给出过"企业是社会的器官"的著名论断，精彩而深刻地揭示了企业作为社会系统中的组成部分与整个社会系统之间的关系，并对企业自身定位与社会价值的认知产生了深远影响。随着对企业社会责任重视程度的日益增强，工商企业界的各行各业都开始重视从社会贡献的角度来阐述行业及其企业的作为，以此树立起良好的行业和企业形象。饭店业也不例外，无论是行业协会、企业管理者，还是行业研究者，都通过各自的发声媒介表达饭店业对社会的重要贡献。

现有围绕饭店行业社会贡献的论述非常全面，既包括对各个投资方在投资回报上的贡献，也包括对员工群体帮助和支持的贡献，还包括在更为宏观层面上的经济税收、社会文化引领、区域形象提升等。尽管如此，一方面当前饭店行业是否应该承担、是否真正体现出了这么多社会贡献是值得再探讨的，另一方面我们也在思考，是否有一些属于饭店行业或者说饭店行业一直在做，却被人们长期忽视的社会贡献？

在后一个方面，我们从"贡献的获得源自责任的承担和付出"这一基本逻辑来进行分析并提出，饭店业对社会重要的同时也是我们忽视的贡献之一是，将大量农民工有效地转变为城市工。之所以提出这样的观点，主要是基于以下三点原因：

第一，饭店业相对于其他行业有着更低的就业门槛且劳动力缺口较大，对劳动力素质相对不高的农民工而言具有较好的吸纳能力。相对于知识密集型产业，饭店业对从业人员素质能力要求的层次相对较低，尤其是对于人员占比很大的基层岗位更是如此，这种劳动力需求决定了企业能够雇佣一批没有任何从业经历的、初次进入城市务工的农民工；加之当前饭店业面临着较大的人力资源缺口，使得饭店企业在很多时候不得不将农民工作为雇佣对象。尽管没有官方的数据统计，但从笔者所在单位近几年开展酒店业人力资源调研和从其他途径获得的数据来看，在很多酒店企业中农民工在员工群体中的占比都在五成左右，他们基本上都在最基层的工作岗位上工作。这说明，饭店业对农民工具有较好的吸纳能力，在同属于传统服务行业的餐饮业中也存在类似的情况。

第二，饭店企业本身的产品组成，决定了它能够为农民工提供基本的生活条件和保障，对新进入城市的农民工具有较高的吸引力。对于新进入城市的农民工而言，"举目无亲""居无定所""衣食无靠"是非常常见的生活状态，由此产生的在物质和心理上的不安全感正是阻碍农民工融入城市的第一个也是最大的障碍。在这方面，饭店企业具有为他们提供基本生活条件和保障的先天优势，原因在于饭店本身就正是提供特殊的"家"产品的机构，能够为在其中就业的农民工提供基本的"衣""食""住"等需求，让农民工员工能够顺利完成融入城市的第一步。与此同时，在同一家酒店中往往有一些来自同一地区的农民工，也有很多酒店是通过员工介绍的方式引入了很多"同乡""同村"的农民工，在一定程度上满足了农民工在人际交往和情感联结上的需要；此外，很多酒店管理者对基层岗位上的农民工往往给予更多关怀，也在很大程度上满足了他们的心理需求。笔者在调研北京某家中端商务酒店时就发现，该企业的很多基层工作人员都把酒店当成了自己在北京的"家"，与企业及其同事建立了良好的感情联系。

第三，饭店工作经历能够较好地培养从业农民工基本的职业素养，为其未来更好地融入城市和实现自我发展奠定了基础。对在酒店企业就业的农民工而言，与其说是他们在酒店获得了基本的生活和经济条件，不如说酒店是农民工进入城市后的第一所"培训学校"。对基层工作岗位而言，尽管企业不需要也无法培养起员工较高的素质能力，但酒店作为传统服务企业的典型代表，其对员工职业素养的要求却是全面而严格的，例如，一位最不起眼的餐厅服务人员就需要具备餐饮知识、对客服务能力、服务礼仪、应变能力、情绪控制能力、责任心等诸多素养。在工作本身的锻炼之外，酒店还会为其员工提供大量提高工作技能和职业素养的培养，这些使得有过饭店行业从业经历的农民工具备了较好和全面的职业素养，具备了进入其他行业或企业的条件，为他们长期在城市工作并实现自我发展奠定了能力和素质基础。这也是为什么我们能够看到，其他类似的或者更高端的服务行业更愿意招聘有饭店从业经历者的重要原因，也是这些人员回乡创业后在旅游、住宿、餐饮等行业中更容易取得成功的原因之一。

当然，饭店业在将农民工转变为城市工过程中的优势和作为还有很多，以上仅是从饭店行业本身所具有的特点所进行的阐述。如果认同并更加看重饭店业将大量农民工有效地转变为城市工的社会贡献，那么在当前行业不太景气、吸引力不高、宏观政策不利等环境下，整个行业企业、相关协会、政府主管部门就需要更多地从该社会贡献的角度入手：在认识上重新评价饭店行业在经济社会发展中起到的更为重要的作用是什么，让全社会去了解并清楚饭店业重要的价值是什么，让政策制定机构认识到饭店行业发展究竟具有怎样的意义等。也许从这个社会贡献出发来做各种工作，能够更好地为行业发展创造良好的社会环境、争取到更加有力的政策支持，从而促进饭店行业的持续发展。

饭店企业应重视老年人力资源开发与利用

李朋波

内容提要：笔者呼吁饭店行业及其企业深刻认识和准确把握我国劳动力年龄结构变化趋势，不断关注和重视老年人力资源开发与利用，在破解自身人力资源不足等现实难题的同时，也借此更好地履行社会责任并树立起更好的行业及企业形象，最终助力社会、企业和老年就业者等的多方共赢。

人力资源不足是长期困扰我国饭店企业发展的核心难题之一，并成了近些年来被该行业专家学者们广泛讨论的话题。从笔者近两年在北京市饭店业开展的调研结果来看，所有受访的企业管理者无一例外，均表示员工招聘难、流失率高是企业人力资源管理的最大难题，加之当前饭店行业自身经营状况不佳的影响，导致了人力成本居高不下且加剧了其在总经营成本中占比不断增加的趋势，这些情况归结为一点就是人力资源严重不足。

从破解人力资源不足问题的思路和途径来看，大致可分为四类：一是"开源"，即招聘到企业所需要的更多人力资源，比如与高校等人才培养机构建立合作关系获取更多实习生和毕业生；二是"节流"，即设法降低饭店经营的人力资源配置数量，如一些酒店企业通过客户自助服务不断降低人房比；三是"增效"，即通过技术手段或激励政策提高单个员工的工作效率，如越来越多的企业开始通过领导力开展来提升员工群体的工作积极性和主动性；四是"保留"，即想方设法降低员工离职率，如一些饭店企业通过与员工建立并保持良好的情感性关系来留住员工。笔者在这里想探讨的是"开源"这种思路中的一类人力资源获取来源，即老年人力资源。在笔者看来，老年人力资源是饭店企业需要予以重视但还未得到重视的、极为重要的人力资源来源类型。得出这种判断的依据在于，近几年在饭店行业的相关论坛中几乎都谈论到了如何获取、激励、管理和保留新生代员工的话题，还鲜有对老年人力资源开发和利用开展探讨的情况。

基于以上情况,笔者认为在当前饭店行业及其企业人力资源短缺的情况下,老年人力资源开发与利用是极其重要的途径之一,也是其他所有行业当前和未来一个时期的必然选择和重要趋势,饭店企业需要重视老年人力资源开发与利用。从以下几个方面对该观点进行说明。

一、我国拥有数量丰富的老年人力资源,开发潜力巨大

目前国内一般把"60岁以上的具有劳动能力、正在从事或有意愿从事社会经济活动的人口总和"界定为老年人力资源。从这个界定标准来看,我国有着丰富的可供开发的老年人力资源。相关数据显示,2013年我国60岁及以上人口数量突破2亿大关,约为2.02亿,老龄化水平达到14.8%;2014年末我国60岁及以上人口数约为2.12亿人,占总人口比重的15.5%;截止到2015年底,中国60岁以上老年人口数量为2.21亿。若按2015年末我国60岁及以上老年人口2.2亿估算,健康但未参与有收入工作或经济活动的60岁以上老年人口约达1亿。这些数据在一定程度上反映出我国老年劳动力储量丰富但利用不足的现实状况,同时也表明,饭店企业完全能够将老年人力资源作为其获取充足人力资源的来源。此外,更为重要的是,我国"未富先老"的状况导致养老已经成为国家、社会和家庭的主要负担之一,且实践证明老年人继续发挥"余热"参与社会经济建设,能够在减轻养老负担的同时更好地促进身心健康,并有助于社会和谐,因此如果饭店企业能够雇佣更多的老年人力资源,也能够充分体现饭店企业承担着更为重要的社会责任,对树立企业良好的社会形象非常有帮助。

图1　上海和平饭店行李礼宾部老年服务人员

二、我国饭店行业老年人力资源占比偏低，有待加强重视

从我国老年人力资源在三大产业的分布来看，2000年的第五次全国人口普查的数据结果显示，91.13%的在业老年人力资源分布在农、林、牧、渔、水利业等第一产业，尽管近些年来随着我国产业结构的调整升级，老年人力资源不断向以服务业为主的第三产业转移，但其比例依然较低。在饭店、餐饮、零售等传统服务行业，现阶段我国这些行业员工的年龄结构与西方服务业发达国家相比呈现出明显的年轻化特征，这种状况最直观的证据就是，在西方发达国家的这些行业能够见到数量众多的老年服务人员，而在我国则更多地能够见到年轻的服务人员。随着服务业的快速发展，服务业在GDP中的贡献率不断提升，商务部2015年的统计数据显示，我国服务业增加值占GDP的比重已经过半，达到50.5%，但相比较而言，服务业中老年人力资源的比重则严重偏低。这种情况表明，饭店等传统服务行业需要重视并加强对老年人力资源的开发与利用，尤其需要注意的是，一方面其他很多细分行业企业已经开始意识到老年人力资源在其未来发展中的重要作用并开始着手争夺老年人力资源，另一方面西方传统服务业发达国家已经积累了丰富的老年人力资源开发与管理经验，这些情况说明了饭店企业需要增强这方面工作的紧迫感和积极性。

三、老年人力资源具有自身独特的优势，开发价值较高

从健康状况来看，随着生活和保健水平的提高，我国人口的平均寿命不断延长，相当比例的老年人在健康水平方面毫不逊色于年轻人。从素质水平来看，老年人力资源具有丰富的实践经验、人生阅历和人脉资源，且具有心理成熟程度高、责任心强、稳定性好等优势，而中青年劳动力在经验和能力上受到从业经历时间相对较短等影响，与老年人力资源相比存在一定欠缺。此外，更为重要的是，老年人力资源所具备的以上优势也决定了其开发成本相对较低，老年人在选择再就业的职业时往往会倾向于选择自己熟悉的、擅长的或者能够胜任的领域，老年人再就业时一般不再需要过多的岗前培训，这会为企业节省一大笔开支。从老年人力资源所具备的这些优势来看，它们在一定程度上恰好能够帮助饭店企业有效地破解年轻员工群体心智成熟度低、激励措施失效、稳定性较差等现实问题；也就是说，如果饭店企业能够通过适当的方式充分利用老年人力资源的优势，将有助于破解其面临的诸多人力资源管理困境。

四、老年人力资源能够胜任饭店企业很多工作，人岗匹配性好

从饭店企业所提供的工作岗位及其能力素质要求来看，存在着大量老年人力资源能够胜任的工作岗位，大致包括以下三类：第一类为特殊的管理岗位，例如工程管理、市场开拓等工作岗位。工程管理需要负责人具备较高的技术水平和丰富的专业经验，属于"越老越吃香"的职业类型，且该工作在很大程度上决定着产品设计、质量与成本控制水平，由经验丰富的老年管理者来负责是一种非常理想的选择。市场开拓需要丰富的人脉资源和高水平的谈判能力，年轻管理者往往需要更多的积累才能胜任，而从事此项工作的老年管理者则在该工作上具备明显的优势。第二类为负责监督的管理岗位，例如饭店日常经营中的监督检查、教育培训等。这些岗位需要管理者具有丰富的经验、较强的责任心和较高的威信，由企业退居二线但积极性高的老年管理者来负责非常合适。第三类为基础性的工作，例如后勤的保障性岗位（后厨整理、设备维护等）、基层的工作岗位（客房整理、卫生保洁等）。这些工作对能力素质没有太高要求，但对员工的工作认真态度要求较高，同时这些岗位也是年轻员工不愿意做的工作内容，因此如果由素质能力相对较低但责任心相对较高的老年人来承担将是更好的选择。

结语

在当前我国老龄化趋势不断加快和银发浪潮影响不断增强的背景下，老年人力资源开发与利用必将成为各个行业获取充足人力资源的重要途径和必然选择。能够肯定的是，在未来一个时期，对老年人力资源的争夺将成为企业人力资源管理的重要内容之一，正如当前许多行业关注新生代员工招聘和管理的情形一样。与此同时，可以判断的是，国家相关部门也将出台各种政策措施来不断提高老年人力资源的再就业能力，并鼓励企业采用各种形式雇佣更多的老年人力资源。

"凡事预则立，不预则废"，再次呼吁饭店行业及其企业深刻认识和准确把握我国劳动力年龄结构变化趋势，不断关注和重视老年人力资源开发与利用，在破解自身人力资源不足等现实难题的同时，也借此更好地履行社会责任并树立起更好的行业及企业形象，最终助力社会、企业和老年就业者等的多方共赢。

后 记

本书中的所有文章均出自北京第二外国语学院酒店管理学院运营和管理的微信公众号"酒店学人"（北二外酒管院）。

2015年8月，在学院谷慧敏教授和秦宇教授的提议下，该公众号进入了筹备阶段，将其定位为"'理性、严谨'的思想和专业化供给平台"，这一定位正符合我们作为学者群体来探讨饭店及旅游行业中相关议题的特征。之后，在2015年9月11日，我们通过该公众号推送了第一篇文章，到目前为止共计推送超过60篇文章，平均每10天推送一篇。在该公众号一年多的运营中，我们坚持了"原创"这一基本原则。较之于"转载文章""解读文献"等方式，"原创"更像是一条"羊肠小路"而绝非"阳关大道"，还需要常常面对"无米下锅"的窘境，但坚守这个原则，一路走来，结果还是令人感到欣慰和鼓舞的：大部分文章均被行业网站或其他微信公众号转载一次或多次；数篇文章在推送后刊发于中文核心期刊或行业有影响力的报纸、杂志等。较之于这些能看得见的成效，这些文章涉及的主题多次在行业各个微信群中得到热议，收到了行业政策制定者、企业管理者、专家及学者们的积极反馈，一些成果被运用到高校人才培养和企业管理培训中去，让这些知识能够最大限度地影响行业及企业发展才是最大的成效。在此，对关注、关心和支持"酒店学人"微信公众号发展的朋友们表示衷心感谢！也敬请大家持续关注该公众号的发展。

本书的完成凝聚了很多人的关心、帮助和支持，在书稿即将付梓之际，我代表本书的作者团队由衷地表示感谢！

首先，感谢北京第二外国语学院酒店管理学院谷慧敏教授和秦宇教授，他们不仅是本书中多篇文章的作者，更是之前推送这些文章的"酒店学人"微信公众号的发起人和创立者，为这个微信公众号的建立提供了很多支持、做了大量工作。更感谢谷慧敏教授、秦宇教授对我本人和李彬副教授的信任，将"酒店学人"的主编及日常工作交给我们，给我们提供一个在饭店行业发声的重要平台。

其次，感谢本书中文章的作者们，除了秦宇教授、李彬副教授和我本人外，北京第二外国语学院酒店管理学院谷慧敏教授、张超教授、王俞博士、吴联仁博士、马双博士、雷铭博士等均贡献了多篇文章，对他们的工作由衷地表示感激。学院姚睿书记、吕勤副教授、江静博士、冉晓峰老师、颜雪飞老师、黄倩老师等对本书都曾给予过很多关注和支持，对他们表示敬意。感谢负责"酒店学人"公众号日常编辑工作的四位硕士研究生，她们是牟丽梅、高颖、陈阳和刘春燕，感谢她们一年多来细致认真的工作。此外，感谢硕士研究生靳秀娟同学为本书文稿整理付出的努力。

最后，谨代表作者团队将本书献给我们的家人们！在这个时代身为学者不易，努力成为好的学者更不易，这其中离不开家人的理解和默默支持，因此这本书的诞生也包含着、体现着他们的奉献！

李朋波

2017 年 5 月

于京西定都峰

附 录

北京第二外国语学院酒店管理学院介绍

（一）基本情况

北京第二外国语学院酒店管理学院（SCHOOL OF HOSPITALITY MANAGEMENT）是为适应酒店及健康服务相关产业对高素质人才的需求于2013年7月成立的教学及研究机构，前身为1992年成立的饭店管理系。学院秉承"诚朴、礼信、勤毅、励博"的院训，采取"专业+外语"及"官产学研多元协同"的培养模式，以培养能够胜任现代酒店业、健康服务产业及相关新业态的国际化、复合型、创新性经营管理人才为目标。学院的建设目标是努力成为国内领先、国际知名的酒店管理学院。

（二）专业设置与人才培养

学院现设本科和研究生两个办学层次，在校本科生263人，学术型研究生19人，留学本科生25人，留学研究生7名，同时还有来自行业的MTA（旅游管理专业硕士）学生。本科酒店管理专业下设酒店管理方向和健康产业管理方向。硕士研究生饭店管理专业设有现代饭店管理、饭店地产及新业态投资与管理两个方向。拥有北京市级"北京第二外国语学院——首都旅游集团校外人才培养基地"、国家旅游局"中国旅游研究院饭店产业研究基地""北京市旅游发展研究基地"（省部级）、"'一带一路'战略研究院"（省部级重点实验室）、"中国饭店产业研究中心""旅游企业管理研究基地"等教学实习及研究平台。

在二十多年的发展过程中，酒店管理学院已经为国内外酒店产业培养出大批人才，并在理论研究与服务社会领域积累了雄厚的实力，在业界及学术界赢得了广泛好评。学生曾获得PATA等国际组织以及国家级、北京市级各种竞赛大奖。教育质量通过了世界旅游组织（WTO Tedqual）最高年限认证。

（三）国内一流的师资队伍

学院下设酒店与餐饮管理系和健康产业管理系。拥有专职教师11名，其中教授3名、副教授3名和讲师5名。所有教师全部在国内外名校获得博士学位。

目前教师队伍中有北京市长城学者1名,北京市高创名师1名,北京市教学名师1名,北京市拔尖创新青年人才1名。学院还聘请了30多名来自政府和著名酒店企业集团的高管担任兼职教授和研究生导师,并定期邀请国内外知名教授、行业领袖及专家为学生作专题讲座。

学院教师国际化程度较高。90%以上的老师都曾在英语国家留学或有访问学者经历,80%以上课程都采用双语或纯英语授课。由学院老师共同承担的《国际饭店管理》的纯英文课程入选2013年教育部来华留学生精品课程。在学术研究方面,酒店管理学院教师在《市场营销学报》(Journal of Marketing)、《旅游管理》(Tourism Management)、《康奈尔饭店业管理季刊》(Cornell Hospitality Quarterly)、《饭店管理国际学报》(International Journal of Hospitality Management)等国际著名学术刊物上发表了数十篇论文。按照在国外一流刊物发表的文章数量评价,二外酒店管理学院在国内同类教育研究机构中排名第一。此外,学院教师还在《管理世界》《南开管理评论》《中国软科学》《管理学报》等国内权威管理学刊物发表了数量丰富的学术论文,出版了100多部专著教材,承担百余项国家级、省部级科研课题及来自国家旅游局、北京市旅游委员会、中国旅游饭店业协会、国内著名旅游与酒店集团等机构的委托课题,并获得10多项北京市哲学社会科学和国家旅游局等省部级奖励。

(四)拥有完善的教学和实践基地

学院为中国旅游饭店业协会和中国旅游协会旅游教育分会常务理事单位。学院先后和首旅集团、海航集团、港中旅集团、维也纳集团、东方银座、山水文园集团等签署了战略合作协议,与中国旅游集团、锦江集团、如家集团、开元集团、亚朵生活、华天酒店集团、粤海国际、众荟、去哪儿等中国大型旅游、酒店及互联网企业以及洲际、万豪、喜来登、香格里拉集团、悦榕庄、美国迪士尼、歌诗达邮轮公司、华盛国际等国际知名企业集团有着广泛的交流与合作。学院在校内建有占地200平方米的学生专用实习实训基地和创业基地"大益爱心茶社",并拥有"北京市朝阳区首旅建国与北京第二外国语学院协同创新中心"。在坚持倡导实践教学的基础之上,学院为学生提供了"学习—实习—就业"一条龙的多样化支持和服务,进而为学生的就业提供了有力的保障。同时,学院每年还举办"中国酒店教育教学法论坛""中国酒店投资峰会""中国旅游创业高峰论坛""中国健康与养老高峰论坛"等学术及行业会议,能够提供丰富的学术与产业研究资源。